KB262027

KB262027

나는 자치기 왕이다

지은이 **표영호**

1993년 MBC 〈개그콘테스트〉 데뷔
1996년 MBC 신인상 수상
1998년 MBC 〈칭찬합시다〉 진행
2002년 MBC 〈코미디 하우스〉 진행
2002년 KBS 〈팔도 삼행시〉 진행
2006년 SBS라디오 〈표영호의 여러분 덕분입니다〉 DJ
2009년 교통방송라디오 〈 표영호의 브라보 마이웨이〉 DJ
2005~2010년 J골프 〈스타 챔피언십〉 진행
2010년 J골프 〈별들의 전쟁〉 진행 MC

100타에서 싱글까지 자유자재로 치는 표영호의
나는 자치기왕이다

지은이 표영호
그린이 이용훈 · 박철
펴낸이 양동현
펴낸곳 도서출판 아카데미북
    출판등록 제13-493호
    136-034, 서울 성북구 동소문동4가 124-2
    대표전화 02) 927-2345 **팩스** 02) 927-3199

초판 1쇄 인쇄 2010년 11월 10일
초판 1쇄 발행 2010년 11월 20일

ISBN 978-89-5681-122-2 / 13690

＊잘못 만들어진 책은 구입한 곳에서 바꾸어 드립니다.

ⓒ 표영호, 2010

www.academy-book.co.kr

100타에서 싱글까지 자유자재로 치는 표영호의 골프 에세이

나는 자치기 왕이다

표영호 지음

아카데미북

신명나는 골프 에피소드 한마당

— 허인구, SBS골프 사장 · 스포츠단장

골프라는 운동의 매력은 무궁무진하다고 한다. 아름다운 자연을 만끽하며 좋은 이들과 벗하여 운동을 즐기는 일석 삼조의 스포츠가 바로 골프다.

'사람들이 골프를 쉽게 배우게 해 주는 방법은 없을까?'

누구나 한 번쯤 해 봤음직한 고민이다. 그래서 골프 에세이와 레슨을 접목하여 대중들이 쉽고 친근하게 골프 입문을 이끌 이 책의 발간이 더욱 반갑다.

개그맨으로 데뷔해 MC, 라디오 DJ 등 다방면으로 왕성하게 활동하고 있는 저자 표영호는 평소 골프를 사랑하기로 유명하다. 그 때문인지 골프 프로그램을 가장 많이 진행한 연예인이기도 하다. 소문난 골프 애호가로서의 경험과, 개그맨다운 타고난 입담을 살린 매끄러운 진행이 돋보인다. 표영호의 못 말리는 골프 사랑과 만만치 않은 실력 그리고 탁월한 이야기 솜씨는 이 책에서도 고스란히 확인할 수 있다.

그는 골프를 함께 하는 사람들과의 인연을 중요시한다. 이 책에는 그가 지인들과 골프를 하며 겪은 재미난 에피소드가 담겨 있다. 이경규, 김국진, 김용만, 배철수, 변우민 등 독자들도 친숙한 유명인들과 골프로 쌓은 추억담은 절대 놓칠 수 없는 재미다.

무엇보다도 이 책의 가장 큰 미덕은 재미난 골프 에피소드에 골프 초보가 궁금해 할 골프 상식과 팁(Tip)을 자연스럽게 담고 있다는 것이다.

그늘집에서의 음식값을 그에게 달아났다는 농담에 가슴을 졸인 일 등 '머리 올리던 날'의 해프닝과 함께 첫 라운드 시 참고해야 할 팁을 함께 제시한 부분이 대표적인 사례다. 이러한 그의 진솔한 경험담은 골프를 어렵게만 느껴 온 이들의 마음을 무장 해제할 것이라고 확신한다.

'임팩트'가 정확한 '강원도 자치기왕 소년'이었던 표영호는 박세리에 빠져 골프에 입문했고, 골프 고수 김국진, LPGA 챔피언 김미현 등과의 인연을 통해 골프에 대한 사랑과 실력을 키웠다고 한다.

독자 여러분에게도 이 책과의 만남이 골프에 대한 사랑과 실력을 한층 업그레이드시켜 줄 좋은 인연이 되기를 바란다. 골프에 대해 열린 마음으로 다가선다면, 이 책은 골프 입문을 염두에 둔 독자들에게 좋은 안내서가 되어 줄 뿐 아니라, 중·상급 골퍼들에게도 '나 역시 저랬었지.' 하는 공감의 웃음을 선사할 것이다.

Unbelievable!! 표영호

― 배철호, SBS방송본부장

개그맨 표영호 그가 골프에 관한 책을 썼단다.

개그 프로에서는 통 보이지 않고 모 골프 채널에서 MC 하더니만 이게 무슨 일인가 했다. 그래서 책 내용을 USB로 내 컴퓨터에 깔아 주기에 찬찬히 읽어 봤다.

솔직히 처음엔 아무런 기대 없이 예의상 아니 추천사 써야 하니까 읽어 보기 시작했다. 그런데 읽기 시작하자 딴 짓 할 틈도 없이 부지불식간에 끝까지 읽었다.

왜? 재미있으니까.

아니, 이게 웬일인가?

평소 개그 프로에서 웃기는 모습 별로 본 적 없었는데 이 책은 왜 이리 웃기고 또 골프에 관해 솔직하고 골프를 나름 사랑하는 사람들의 가슴에 진한 여운을 준단 말인가? 참 요즘 말로 Unbelievable!!이다.

참고로 나도 골프에 관한 한 엄청 학구파다.

골프에 입문한 지 20년이 지났고 골프에 관한 책이라면 만화 포함 국내에 나온 모든 골프 서적을 독파했고, 심지어 영어로 된 골프 책도 엄청 봤으며 소유도 하고 있다. 그런데 이제는 그 책들 다 치워 버리고 표영호가 쓴 이 책 한 권만 있으면 될 것 같다.

이 책은 골프에 관한 모든 것을 한 권에 다 담았다는 점이 최고의 매력이다. 책의 내용이 골프 입문자부터 나름 보기 플레이어까지 ― 이 말의 진정한 뜻은 이 책을 계속 읽다 보면 이해된다 ―, 또 100파가 목표인 플레이어부터 내기에 스트레스 받는 플레이어까지 공감할 수 있도록 매우 실제적이고 실용적이며, 많은 골프 팁들이 알토란처럼 사용할 수 있도록 씌어 있다.

그래서 이른바 모든 골퍼의 필독서이고, 라운드 전날 잠자리 머리맡에 두는 중요한 소장품이 될 것이란 사실을 강력히 믿기에 이 책을 모든 골퍼에게 적극 추천하는 바이다.

내 인생의 터닝 포인트, 골프

사실 나는 골프를 좋아하지 않았다.

강원도 시골에서 태어난 나는 골프라는 것은 사치고 폼 잡는 데 필요한 운동이라고 치부하여 누가 권해도 그다지 반기지 않았다.

그런데 나이가 한 살 한 살 먹어 가면서 그런 나의 단순한 사고방식에 문제가 있음을 알았고, 내가 그어 놓은 선에 맞춰 사물 형상을 판단하는 건 삶의 오류라는 걸 깨달았다.

골프는 나이가 60인 사람이 30세 청년을 이길 수 있는 스포츠다.

참으로 아이러니하고 골 때리는 운동이다.

이보다 더 흥미로운 일이 또 어디에 있겠는가?

아무것도 모르고 시간 때우기용으로 시작한 골프가 내 인생의 많은 것을 바꿔 놓았고, 방송하는 사람인지 골프하는 사람인지를 착각하게끔 삶의 큰 비중을 차지하게 되었다.

이 책은 어떻게 공을 쳐라 알려 주는 그 흔한 레슨 책이 아니다.

나는 레슨을 할 수도 없을뿐더러 자격도 안 된다. 다만 즐기는 골프, 재밌는 골프, 좋은 사람들과의 기분 좋은 시간을 보내며 스트레스 없이 골프를 하기 위한 대중의 골프를 만들기 위해 이 책을 썼다.

인간을 구성하는 유전자 정보의 지도인 DNA는 침팬지의 DNA와 98.7%가 동일하다고 한다. 즉 차이는 1.3%다. 그 1.3% 때문에 누구는 밖에서 구경을 하고, 누구는 우리 안에 갇혀 사는 것이다.

골프를 하는 사람과 하지 않는 사람도 큰 차이가 없다. 이 책을 통해 골프가 좀 더 쉽게 다가와 더 많은 분들이 골프를 즐기며 그만큼 삶의 향기가 생겼으면 한다.

그간 골프로 만난 사람들이 참 많다. 그들에게 많은 것을 배우고 도움 받았기에 그동안 함께 라운드를 해 준 모든 분들께 이 책을 바친다.

차 례

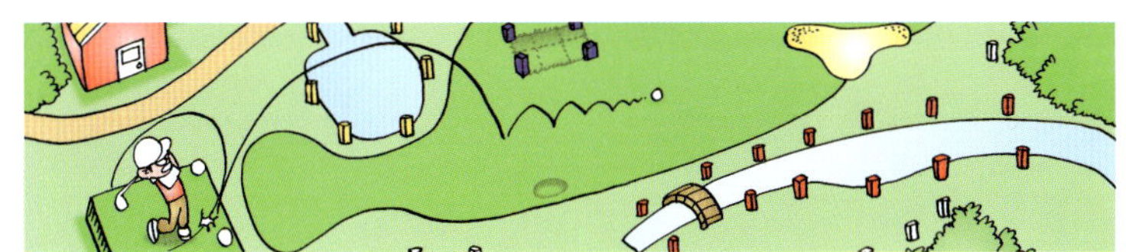

100타에서 싱글까지 자유자재로 치는 표영호의 골프 에세이

나는 자치기 왕 이다

박세리에 빠져 골프에 빠져

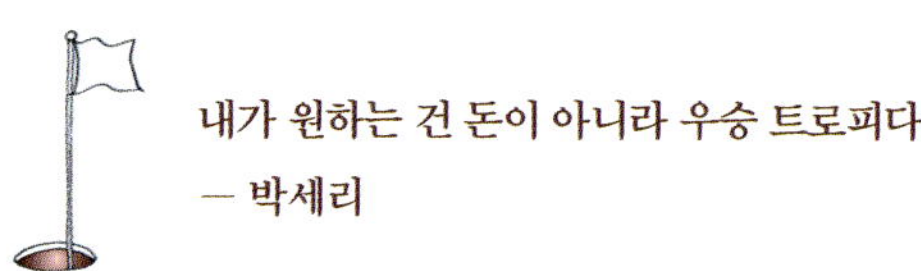

1998년 여름 어느 날 U.S오픈 최종 라운드를 보게 되었다.

국위를 선양하는 국제 경기인데다 강력한 우승 후보로 점쳐지는 한국 선수! 흥미로워 보였다.

태국계 동갑내기 제니 추아시리폰 선수와 박세리 선수의 연장 라운드 마지막 18번홀 동점 상황에서 박세리 선수의 티샷이 페어웨이를 벗어나 물가 언덕 뒤로 사라졌다.

드라마의 시작은 그때부터였다. 모야, 모야~~~ 너무 재밌다.

선수의 공은 겨우 한 뼘 차이로 급경사의 해저드 언덕에 간신히 걸려 있었다. 불행 중 다행이라고 해야 하나?!! 골프의 '골'자도 모르지만 물에 빠져 퐁당 들어간 것에 비하면 가능성이 있어 보였다.

추아시리폰의 세컨 샷……. 흠 잡을 데 없이 그린에 안착…….

이제 박세리 선수가 칠 차례…….

내 눈이 휘둥그레졌다. 박세리 선수가 캐디(제프 케이블)와 이야기를 한참 나누더니 양말을 벗는 것이 아닌가.

골프화 속에는 하얀 발이 숨어 있었다. 처음엔 흰 양말인 줄 알았다. 흑과 백의 절묘한 조화라고 해야 할까?!! 새까맣게 그을린 피부와 확 구별되는 박세리 선수의 하얀 양말 모양의 발……, 웃겼다.

박 선수가 하얀 맨발을 드러내며 물속으로 들어갔다. 순간 온몸에 전율이 느껴지고 소름이 돋았다. 그때의 충격이란…….

박세리 선수는 보이지도 않고 방향조차 가늠하기 어려운 그린을 노려보는 듯했다.

하얗게 드러낸 발을 봤을 때 저 양말 속의 흰 발처럼 그동안

음지에서 처절하게 흘렸을 한 운동 선수의 땀, 투혼, 열정, 집념 등이 봇물처럼 내 눈에 들어오는 것이다. 그 하얀 발은 마치 약육강식의 승부 세계를 대변하는 듯했다. 절망 속에서도 맨발로 물속에 몸을 던져 가며 승부에 집착하는 스무 살 박세리 선수!!

그래, 어차피 끝난 게임이잖아. 한번 도박을 걸어 봐!

기적은 잠시 후에 일어났다. 박 선수의 세컨샷은 갤러리들의 탄성 속에 페어웨이에 안착했고, 그림 같은 어프로치 샷이 온 그린에 성공하자 갤러리들은 우레와 같은 함성으로 격려했다.

이쯤 되자 마침내 추아시리폰이 흔들리기 시작했다. 어프로치 샷이 홀을 훌쩍 넘어서더니, 어느새 박세리와 함께 파 퍼팅만 남겨둔 상황이 되었다. 두 선수 모두 보기를 기록하며 US오픈 사상 최초의 서든데스 경기로 승부를 가리게 된 것이다.

손에 땀이 났다. 서든데스 11번 홀에서 5.5m 박세리 선수의 버디 퍼팅 성공! 갤러리들의 열광적인 환호 속에 아버지와 어머니를 끌어안으며 포옹하고 눈물 흘리는 모습을 보니 너무 감격스러워 마음이 짠했다.

잠 안 자고 TV를 시청한 보람이 있었다. 이런 게 횡재다. 이런 역사적인 장면을 내 눈으로 보다니…….

더 이상 잠을 이룰 수 없었다.

나에게 골프는 이렇게 경이롭고 박진감 넘치게 다가왔다.

나는 자치기 왕!

어릴 적 강원도의 시골 마을에 자치기왕이라 불리는 아이가 있었다.

녀석은 툭 찍어 튀어 오르는 나무 조각을 긴 나무 막대로 정말 기가 막히게 쳐 내는 아이였다. 사실 나무토막이 뱅글뱅글 돌며 튀어 오를 땐 치기가 무척 어렵다. 그러나 아이는 뱅글뱅글 도는 나무토막을 정확하게도 보고 그 순간을 임팩트 할 줄 아는 신기에 가까운 능력을 지녔던 것이다. 빠르게 돌아가는 나무토막 정중앙을 막대 끝으로 때려 날리는 자치기. 그러니까 스윙 타이밍이 정확하지 않거나, 막대의 스피드가 떨어지거나 아니면 그냥 빠르기만 하다면 칠 수 없는 것이요, 헛스윙으로 끝나기 십상이다.

"30미터쯤 떨어진 곳에 깡통을 세워 놓고 나무토막을 날려 맞힐 수도 있어요."

"영호 때리고 도망가면 머리에 빵꾸(구멍) 나요."

그랬다. 정말 신기에 가까웠다. 하루는 때리고 도망가는 아이에게 나무토막을 날려 정확하게 뒤통수를 맞혀 피를 본 적도 있었으니 녀석에게는 늘 따르는 조무래기 아이들이 있었고, 그 아이들은 그의 기술을 숭배했다.

녀석은 돌지 않고 바닥에 누워 있는 팽이를 팽이채로 쳐서 돌게 만드는 기술은 물론 팽팽 돌고 있는 팽이를 책받침으로 떠올려 다른 데로 옮겨도 계속 돌게 하는 기술은 식은 죽 먹기였다.

지금 어른이 되어 생각해 본다.

아! 자치기로는 타이거 우즈도 이길 수 있는데…….

김국진 따라쟁이 표영호

내가 처음으로 골프채를 잡았던 게 언제였던가? IMF 시절, 국내 경기가 어렵다 보니 방송일도 생기지 않고 진행하던 프로그램도 다 잘려 하루 종일 집에서 조선, 중앙, 서울 이 세 가지 신문을 달달 외울 정도로 보며 무료함을 달래던 시기였다.

당시 국민 개그맨 김국진과 친한 사이라 그의 여가 시간에 맞춰 시간 때워 줄 요량으로 자주 어울렸다. 그는 골프 이야기만 나오면 신들린 듯이 열변을 토하고, 녹화 도중 시간이 조금만 비어도 골프장에서 연습을 하던 연습 벌레였다. 오죽하면 '여의도 88연습장에 가면 주인은 없어도 김국진은 있다' 는 말이 나올 정도였을까.

지금 그곳에는 연습장은 없어지고 높은 빌딩이 들어서 있다. 나 같아도 연습장 대신 빌딩 짓겠다. 땅이 워낙 넓으니 원…….

88연습장에 가면 한창 연습 중이던 국진이 형은 나를 보며

"어떻게 왔어?" 하고 놀란 눈으로 묻곤 했다. '나 여기 있는지 어떻게 알았냐?'는 뜻이다. 아니, 바보가 아니고서야 소문난 연습 벌레를 단골 골프장에서 왜 못 찾겠는가. 김국진은 어떤 일에 흥미로움을 느끼면 끝장을 보는 남자다.

그가 숙소 겸 사무실로 쓰던 24평 아파트가 마포에 있었다. 그는 스케줄이 없으면 하루 종일 자거나 하루 종일 퍼팅 연습을 한다.

하루는 그의 아파트를 찾아갔다. 해가 져서 실내가 어두운데 그것도 모르고 딱 딱 소리를 내며 퍼팅만 하고 있었다. 12시에 일어나 밥 먹고 계속 저러고 있다고 매니저가 얘기한다. 환자다.

어느 하루는 88연습장에서 연습하던 형이 자기만 계속 치기 미안했던지 한참이 지난 뒤에 말을 붙인다.

"너도 함 쳐 볼래?"(혀 짧은 소리로)

"지난번에 경규 형은 채 부러진다고 만지지도 못하게 하던데, 괜찮겠어?"

"냐, 쳐 봐."

7번 아이언을 준다.

“형, 나 이런 거 잘해.”

설레기도 하고 떨리기도 했다. 어떻게 치는지도 몰랐고, 그냥 가만히 나를 쳐다보고 있는 얼굴 하얀 놈(골프 볼)을 내가 못 맞힐 일 없다는 생각에 있는 힘껏 휘둘렀다.

에구구, 쪽 팔려라~ 이건?

그 하얀 얼굴의 녀석은 그 자리에 태연하게 있는 게 아닌가? 옆에서 국진 형이 고갤 돌리며 낄낄 대고 웃는다. 내가 미쵸.

“형, 연습한 거 알지? 일부러 웃기려고 그런 거야. 진짜 친다. 잘 봐, 형.”

이게 웬일인가? 하얀 얼굴의 녀석은 미동도 하지 않았고, 내 손에 있던 골프채만 연습장 바닥으로 내동댕이쳐졌다. 이젠 사람들이 대 놓고 막 웃는다. 창피해서 숨을 곳을 찾는데 설상가상으로 스피커에서 안내 방송이 나온다.

“손님 여러분, 연습을 잠시 중지해 주시기 바랍니다. 채 수거 관계로 2분 간 연습을 중지하겠습니다.”

“……”

그날 이후로 한동안 그 연습장을 가질 못했다.

며칠이 지났을까? 방송국에서 아이디어 회의를 하고 갈 데가 없어 다시 국진 형이나 만나야겠다고 나서는데 후배가 쫓아온다.

“형님, 어디 가세요?”

“심심해서 국진 형 만나 이빨이나 까려고. 넌 뭐하는데?”

“형님 따라다닐까 해서요.”

“따라 와, 그럼. 형이 밥 사 줄게.”(사실 난 후배들 밥은 잘 사 준다. 왜냐면 후배니까. 선배가 그거라도 잘해야 선배지…….)

그렇게 후배와 나는 어쭙잖게 골프장에 동행하게 되었다. 거기서 우리 둘은 건방지게 만 원 빵 내기를 했다. 뭘 안다고 내기를 했는지 지금 생각하면 참 웃기다.

30m, 50m 표시판 맞히기. 맞히면 1만 원…….

그날 후배에게 5만 원 뜯겼다.

“우리 내일 또 연습할까? 우리 둘 수준이 맞는 것 같지 않냐?”

그렇게 우리의 연습은 시작되었다. 그날 이후 후배는 연습광이 되어 몇 년 간 볼만 치더니 이제 티칭 프로가 되어 골프로 밥 먹고 살고 있다. 그가 바로 얼마 전에 연예인 골프 대회에서 6언더로 우승까지 했던 개그맨 김장렬이다.(이름만 듣고선 가끔 숭구리당당 김정렬 형님과 헷갈려 하는 분들이 있으나 연예인으론 무명에 가깝다. 하지만 같은 직업군 내에서는 아는 사람은 다 안다.)

장열아, 이 형한테 인사하러 와야지. 지금 너의 평생 직업을 만들어 주었잖니!!

골프에 본격적으로 들이대다

골프에 나이는 없다. 의지만 있다면 몇 살에
시작해도 향상이 있다.
— 벤 호건

서울 효창동에 가면 효창 골프 연습장(driving range)이라고 있
다.

앞 그물망까지의 거리가 50~60야드쯤 될까? 작지도, 크지도
않은 연습장이다. 사실 요즘은 더 길게 그물망이 쳐진 곳도 많이
생겼다.

그곳에 선배가 책임자로 있어서 그곳을 본거지로 하고 연습
을 하기로 맘먹었다.

연습장에 가니 일단은 내 채가 있어야겠단 생각이 들었다. 마
냥 7번 아이언만 빌려서 칠 수는 없는 노릇이다.

'스팔딩(SPALDING)'이라고 하는 브랜드의 채가 세트로 40만
원 하는 것이 있어서 골프에 적응하기 전까지 그 채로 연습을 하
기로 하고 세트로 구입했다.

그 정도의 가격이라면 엄청 싼 채였다는 걸 나중에 알게 되었

지만 아마도 재고품이었던 것 같다. 당시에는 아무것도 모른 채 그냥 내 소유의 채가 생겼다는 뿌듯함에 채를 보고 또 보곤 했다. 골프를 막 시작한 단계이므로 일단 클럽 헤드가 넙데데한 것이 만만하고 좋았다. 채를 내려놓으며 어드레스를 해 보니 막 휘둘러도 맞을 것처럼 마음이 편했다.

볼을 하루에 보통 300~400개 쳐야 하고, 꾸준히 연습해야 실력 향상에 도움이 된다나, 어쩐다나! 선배가 프로 한 명을 붙여 주었다.

박용준 프로였다. 일반인들이 알 정도로 이름이 알려진 프로는 아니었지만 세세하게 잘 가르쳐 준 것 같다. 그 인연으로 먼 훗날 내가 그의 결혼식 사회도 봐 줬다. (삼겹살 1인분 얻어먹고 결혼식 사회 봐 줬다. 이런 몹쓸 지인…….)

어쨌든 난 그곳을 매일 드나들었다.

"그립이 중요합니다. 잡아 보세요. 그게 아니고요, 애인 가방 들어 주는 느낌으로 꽉! 또는 느슨하게!"

에이~ 뭐라는 거야. 어떻게 잡으라는 건지 원…….

"아니 저 그게 아니고요. 잘 보세요, 애인이 집에 가려고 해요. 근데 가방을 두고는 못 가잖아요? 근데 애인 가방을 들어 준답시고 너무 꽉 쥐고 있으면, 아, 이놈이 나를 오늘 집에 안 보내려 하는구나…… 이렇게 생각이 들 거 아니에요? 그럼 오해가 생겨 괜히 사람 사이에 생크가 나잖아요. 또 너무 느슨하게 잡고 있다가 애인이 휙 잡아채서 가면 그냥 닭 쫓던 개 지붕 쳐다보는 격이잖아요. 골프도 마찬가지예요."

뭐라는 거야, 이 친구!

하루에 두세 번은 연습장에 갔다. 아침 먹고 땡, 점심 먹고 땡, 저녁 먹고 땡, 틈만 나면 갔다. 처음에는 맞히기도 어렵고 뜨지도 않던 볼이 이제 제법 멀리 날아간다.

오~ 쫌(좀) 되는데…….

나는 욕심을 부려 하루에 700개씩 쳤다. 일곱 시간에 걸쳐 천천히 한 타 한 타 정성스럽게 쳤다.

연습할 때 공을 무서우리만치(?) 빨리 치는 아마추어들이 있다. 몇 개를 연습하겠다고 목표 수량을 정해 놓고 치는 경우에도 그럴 수 있는데, 이는 별로 도움이 되지 않는다. 나는 연습 공을 칠 때 어드레스가 길지는 않다. 대신 한 타를 친 뒤 생각을 많이 하는 편이다.

그런데 하루에 700개씩 친다는 게 쉬운 일이 아니었다. 그것은 나에게는 객기였고 쓸데없는 집착 같았다.

"프로가 될 것도 아닌데 대충 폼만 잡지 뭐…….”

그도 그럴 것이 한 달을 그렇게 쳤더니 몸이 너무 아픈 것이었다.

손바닥과 손가락에 물집이 잡히고 아픈 손에 대일 밴드, 하얀 반창고를 칭칭 감고 연습에 연습을 거듭했다. 하루는 얼마나 뒤땅을 쳐댔는지 마치 갈비뼈가 나가기라도 한 것처럼 잠잘 때 숨쉬기가 힘들었다. 의사는 골프를 치는 것 같은데 잠시 연습을

중단하는 게 어떠냐고 권유했다.

무슨 대단한 운동선수도 아닌 주제에 갈비뼈에 금이 갈 정도로 연습을 했단 말인가? 남들이 알면 흉볼 일이라 생각했다. 그날 이후로 쫄아서 연습을 하지 못했다. 그런데 희한한 것이, 내가 골프를 친다는 소문이 삽시간에 퍼져 많은 사람들의 반응은 폭발적(?)이었다. 동반자로서 맛있게 보였는지 여기저기서 연락이 왔다.

내가 골프를 친다는 이야기를 듣고 물 만난 고기마냥 반가워했던 친구가 개그맨 홍기훈이다. 사실 홍기훈이 그전부터 골프를 쳐야 한다며 자꾸 나를 꼬드기기도 여러 번 했으나 그때마다 내 주제에 무슨 골픈가 싶어 고사하기를 수도 없이 했다. 그러니 얼마나 반가웠겠는가?

그 당시 홍기훈은 완벽한 보기 플레이어였다. 머리 얹어 준다며, 머리 얹어 주면 평생 고마워해야 한다며 설레발을 친다.

‘머리 얹는다’, ‘머리 올린다’ 라는 말은 주로 여자가 어른이 되는 행사 또는 기생이 첫 남정네를 맞이할 때를 지칭하는 것으로 알고 있는데 골프에서 첫 라운드에 나오는 날을 ‘머리 얹는 날’이라고 이야기한다.

그립의 중요성

스윙은 클럽과 손을 연결하는 그립에서부터 시작된다. 잘못된 그립으로는 좋은 스윙을 하기 힘들다. 몇 개의 볼을 쳤는가보다 정확한 그립을 잡고 몇 개를 쳤는지가 중요하다.

굳은살 예방법

굳은살은 연습할 때 많이 생긴다.

고수는 불필요한 힘을 가하지 않고 자신의 힘을 효율적으로 볼에 전달한다. 반면에 하수는 그립을 세게 쥐고 한 자리에서 많은 양의 볼을 치려고 한다. 그렇기 때문에 손에 힘이 많이 들어가 손바닥에 물집이 생기기도 하고 손가락 근육이 아프기도 한다.

볼을 3~5개 친 다음 그립에 손을 풀었다 다시 잡는 반복 연습을 통해 항상 일정한 그립 모양을 갖추는 것이 중요하다. 손가락에 물집이 잡히면 물집이 나을 때까지 숏 게임 위주로 연습을 한다.

골프 엘보 예방법

엘보가 오면 골프를 포기하는 골퍼가 많다. 엘보가 오기 전에 예방하는 방법은 다음과 같다.

1. 충분한 스트레칭과 근력 운동으로 부상을 방지한다.
− 특히 연습이나 라운드 전에는 손목 근육을 충분히 풀어 준다.
2. 짧은 클럽에서 긴 클럽순으로 스윙한다.
− 어프로치, 숏아이언, 미들아이언, 롱아이언, 우드, 드라이버
3. 많은 양의 연습보다는 시간 분배로 연습한다.
− 엘보는 자신의 운동량과 운동 능력을 초과하기 때문에 생긴다.
4. 체력이 떨어지고 집중력까지 저하되면 잠시 휴식을 취한 뒤에 연습한다.
5. 맨바닥, 매트에서 치지 않는다.
− 충격이 쌓이면 근육과 힘줄에 누적된다.
6. 자신의 신체에 맞는 골프 장비를 선택한다.
− 근력과 상황에 따라 클럽 선택을 해야 한다.

표영호의 경험 Tips

연습장에서 볼을 칠 때는 목표 몇 개! 하고 정하지 말고, 스윙을 체크하면서 한 타 한 타 정성스럽게 쳐라. 그래야 투자한 돈에 대비해서 잘 칠 수 있다.

촌놈, 라운드 처음 간 날

새벽부터 전화벨이 방정맞게도 울린다.

"여보세요?"

"야! 인마, 일곱 시 반 티업이야."

"그래서?"

"빨리 내려와. 지금 출발해도 늦어."

시계를 보니 여섯 시다.

기훈이와 나는 같은 오피스텔 위 아래층에 살았다. 부랴부랴 옷을 입고 채를 들고 내려가니 기훈이가 차 시동을 건다.

"보스턴백은?"

"보스턴백? 그게 뭔데?"

"옷가방 말이야. 골프장 가면 옷 갈아입고……."

"옷을 왜 갈아입어? 그냥 이대로 치면 되지."

"……."

차는 강변 북로를 달리다가 다시 올림픽 대로를 갈아타더니 중부 고속도로를 타고 달린다. 막힘이 없다.

"야, 우리 영호 머리 올리러 간다고 도로까지 뻥뻥 뚫려 준다야."

기훈이가 신났다.

곤지암 IC를 빠져 나간 차가 다다른 곳은 경기도 여주의 이포 CC(컨트리클럽)다. 총 18홀 72파, 총면적은 32만 7천 평이다.

골프장 초입에 경비 아저씨가 기다렸다는 듯이 거수경례를 한다. 우리를 어떻게 알고 거수경례를 하지? 기훈이가 자연스럽게 가벼운 목례를 한다. 그런 기훈이가 대단해 보였다.

처음 가 본 골프장이라 눈이 휘둥그레졌다.

클럽하우스에 도착하니 입구에서 기다리고 있던 직원들이 자동차에 실려 있는 골프백을 내려 가지고 들어가고, 주차장엔 이미 다른 내장객들의 차로 빈자리가 별로 없었다.

와~ 이런 곳이 있다니……. TV에 나오는 부잣집 정원에나 있을 법한 멋진 나무들과 푸른 잔디가 길게 산자락 끝까지 누워 있었다. 또 다른 세상에 온 듯한 느낌이 이런 걸까?!! 괜히 어깨가 으쓱해지면서 동반자들과 큰 액수의 금액을 논하면서 사업 이야기를 꺼내며 비즈니스를 해야 할 것만 같았다.

A~C8 난 돈도 한 푼도 없는데……. 암튼 기분은 참으로 럭셔리했다.

그러나 그 기분은 클럽하우스에 들어가는 순간부터 바뀌기 시작했다. 같이 온 일행은 보스턴백을 손에 쥐고 당당하게 들고 들어가는데 나는 빈 몸뚱이로 쭈뼛쭈뼛 따라갔다.

프론트 데스크(Front Desk)에 가서 예약 확인을 하니 열쇠를 하나 준다. 목욕탕 옷장이란다. 아니, 시작도 하기 전에 무슨 목욕을 하라는 거야……. 웬 옷장 키를 주나 하고 생각하면서 그냥 기훈이 꽁무니만 따라갔다.

"영호야, 넌 옷을 안 가져 왔으니 그냥 그대로 나가면 돼. 근데 윗옷은 내꺼 하나 줄게. 여분이 있으니까."

입고 갔던 남방을 벗고 기훈이가 준 셔츠를 입었다. 옷을 다 갈아입은 기훈이가 나에게 또 묻는다.

"공은? 공은 가져왔어?"

“응, 공은 많아.”

후훗, 내 이럴 줄 알고 어제 연습하다가 공을 20개쯤 가방 안에 넣어 두었지롱.

그랬다. 나는 연습하다가 아무래도 공을 많이 잃어버린다는 얘길 듣고 효창 연습장에서 공을 가방 안에 몰래 챙겨 뒀던 것이다.

기훈이를 따라 카트를 타러 갔더니 동반자들과 인사를 시킨다.

“얘는 표영호라고……, 저하고 동기예요.”

많이 봤다는 둥 팬이라는 둥 인사를 건넨다.

“잘 부탁합니다. 오늘 제가 처음이라 걱정이 많습니다.”

카트는 우리를 싣고 첫 홀을 향해서 달린다. 조그만 차가 세상에나 전기로 간단다. 나는 이런 차가 시내 도로에서도 다녔으면 좋겠고 아줌마들이 장보러 나갈 때도 이걸 타고 간다면 기름 한 방울 나지 않는 우리나라 경제에 도움이 되겠다고 생각했다. 그 짧은 시간에…….

초보 골퍼들의 첫 라운드 준비 사항

라운드 전날 집에서 준비해야 할 사항

- 골프백(캐디백) : 골프 클럽, 장갑, 티, 볼 마크(동전), 그린포크, 바람막이, 골프 우산
- 보스턴백 : 골프웨어, 골프화, 모자, 양말, 칫솔 등
- 손가방 : 핸드폰, 자외선 차단제, 자동차 키, 지갑

※ 캐디백에 있는 네임 태그에 이름이 적혀 있는지 확인한다.

※ 골프장에 갈 때는 의상에 신경쓴다. 세미 정장 정도는 입고 간다.

골프장 도착해서

골프장에 적어도 1시간 전에 도착한다. 아니면 최소 30분.

클럽하우스 정문에 도착해서 정차한 뒤 트렁크를 열어 주면 골프장 직원이 클럽이 든 골프백을 내려 준다. 이왕이면 트렁크 안에 보스턴백도 함께 실어 두는 것이 좋다. 함께 내려 준다.

- 주차한 뒤 보스턴백을 들고 클럽하우스 프론트 데스크로 간다.
- 프론트에서 코스와 티오프 시간 예약 확인을 한다.

- 안내 직원이 주는 종이에 이름을 적으면 로커(locker)를 지정받는다.
- 골프웨어로 갈아입는다.

왕초보, 골프장에 도착하면 선배들 행동 그대로 따라하기!

- 10분 전 첫 홀로 이동한다.
- 골프백에서 볼, 장갑, 마크 티를 준비한다.
- 젓가락으로 오너와 티샷 순서를 정한다.
- 순서에 따라 티 박스에 티를 꽂고 볼을 얹은 뒤 티샷을 한다.
- 첫 라운드에서는 무조건 뛰어라.
- 세컨샷은 홀에서 가장 먼 사람부터 순서대로 친다.
- 자신의 차례가 언제인지 기억한다.
- 그린에 올라 퍼팅을 하기 전에 깃대를 뽑는다.
- 그린에 올라가서는 걸음을 사뿐히.(그린이 얼마나 비싼데. 신발을 질질 끌고 다니면 그린 다 일어난다. 캐디가 싫어하고 동반자들에게 핀잔 듣는다.)
- 전원이 홀 아웃을 하면 깃대를 다시 홀에 꽂고 다음 홀로 이동한다.
- 전 홀의 스코어를 확인하여 스코어 카드에 숫자를 기재한다.
- 다음 홀에서는 티샷 순서는 전 홀의 가장 잘 친 사람이 오너다.(성적순으로 티샷을 한다.)

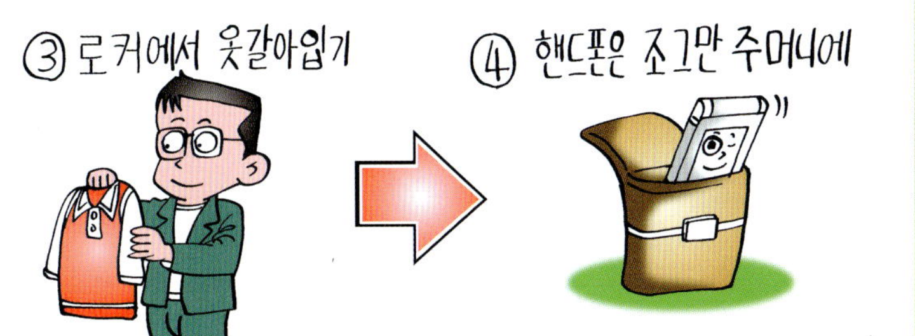

클럽하우스. 대부분의 골프장
클럽하우스들이 웬만한 호텔급 시설을
자랑한다.

골프웨어로 갈아입는 로커룸. 보스턴백은
이곳에 보관하고, 작은 소지품 가방은 따로
챙겨 들고 나온다.

골프장마다 골프용품 매장(프로샵이라고
부르는 곳도 있다)이 있어서 온갖 골프용품을
구비해 놓고 있다. 라운딩 준비가 덜 되었을
때 간편하게 이용할 수 있다.

파4 홀의 거리 표시. 거리가 401야드라고
표시되어 있다. 매 홀마다 거리 표시가 되어
있는데 모양은 골프장마다 다르다.

워터해저드 뒤로 골퍼의 이동을 돕는
전동카트가 보인다. 이 조그만 차가 전기로
간단다. 주부들이 장보러 나갈 때 타고 가면
에너지 절약 차원에서도 그만 아닐까?

산지에 조성된 골프장에서 종종 볼 수 있는
표식. 주위에 나무와 풀이 우거진
골프장에서는 종종 자연물로 인한 피해가
발생하기도 한다.

첫 홀 첫 티샷

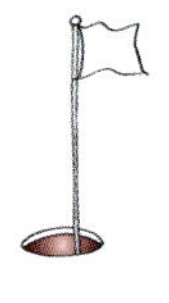

첫홀에서의 티샷은 그날의 분위기를
결정한다. 그러므로 거리보다는 방향성을
중시하라.
— 골프 격언

아~ 첫 홀이다!

아우 떨려~~

캐디가 우리 네 명을 보고 손을 다소곳이 모은 뒤 "오늘 진행을 도울 누굽니다." 하면서 배꼽 인사를 한다. 참 친절하구나 생각했다.

캐디가 젓가락 같은 막대 네 개를 들고 고르란다.

그 막대에는 끝부분에 하나에서부터 네 줄까지 줄이 그어져 있는데 어떤 골프장은 다섯 줄까지 그어져 있는 곳도 있다. 그것은 티샷 하는 순서를 정하기 위해 첫 홀에 갖다 놓은 것이다.

난 그 젓가락 같은 막대가 탐났다. 친구들끼리 점심 사기 내기를 할 때나 밥 먹고 나서 누가 밥값 낼까 고민할 필요 없이 그걸 내밀면 될 것 같았다. 갖고 싶어서 물어보았다.

"이거 어디서 팔아요?"

이런, 아무도 대답해 주지 않는다.

동반자 네 명의 순서를 정하고 티업이 시작되었다.

나더러 먼저 티샷을 하라고 한다. 무섭다. 아무리 머리 올리러 왔다지만 너무 못 치면 동반자들에게 망신 당하는 건 둘째 치더라도 민폐를 끼치게 될 것 같아 겁부터 났다.

말도 안 되는 얘기지만 캐디에게서 건네받은 드라이버는 사실 연습장에서도 잡아 보지 않은 클럽이었다. 연습장에서 3번 우드까지만 쳐 봤는데 기훈이 얼굴 봐서 이실직고를 할 수도 없고⋯⋯. 에라, 모르겠다 하는 마음으로 티잉 그라운드에 올라가니 심장이 쿵쾅거리다 못해 다리까지 후들거린다.

긴장감은 말할 수 없고, 가슴이 두방망이질하면서 묘하게 감도는 흥분감.

주머니에서 주섬주섬 나무티를 꺼냈다. 긴 티, 중간 티, 짧은 티 중에서 중간 티를 골라 꽂고 공을 올렸다.

티를 꽂고 공을 올리는 일도 그리 쉬운 일이 아니었다. 이놈의 자식이 티에 올려놓으면 미끄러져 떨어지고 또 미끄러져 떨어지고⋯⋯. 공마저 내 마음을 몰라준다.

연습 스윙을 한 뒤 심호흡을 크게 하고서 드라이버를 힘차게 휘둘렀다.

윙 하는 소리와 함께 내 몸이 반 바퀴 돌아 뒤에 서 있는 동반자들과 마주 보는 상황이 됐다. 헛스윙을 한 것이다. 다들 하나같이 고개를 돌려 피식 웃는다.

"야, 나 연습 스윙 한 거야. 이제 진짜 친다."

아우 쪽 팔려.

더 떨린다. 또 안 맞으면 어쩌지?

모르겠다. 다시 한 번 휘둘렀다.

깡 하는 소리와 함께 손에 묵직함이 느껴졌다.

부지불식간이었다.

일단 됐다. 날아간다.

세 명이 동시에 외친다.

"나~ 이~ 스~ 어? ~어?!"

동반자들의 외침을 듣고 난 자신 있게 고개를 들었다.

"근데 내 공은 어디로 갔어?"

캐디가 이야기한다.

"OB(Out of bounds)입니다. 맨 마지막에 한 번 더 치세요."

그냥 가지 왜 또 치라는 거야. 뒷팀 사람들도 보는데……
쩝…….

머쓱한 기분으로 효창연습장에서 가지고 온 공을 백에서 꺼
냈다.

사람들이 또 피식 웃는다. 공에 효창연습장이라는 로고가 너
무나도 뚜렷이 박혀 있다.

이번에는 동반자들의 '굿 샷~' 소리가 들렸다.

처음 코스에 나가면 산이든 들이든 무조건 뛰라는 얘기는 귀
가 닳도록 들었다.

그렇게 나의 정신없는 생애 첫 라운드가 시작되었다. 무슨 정신으로 치는 건지 알 수는 없었다. 하지만 무슨 일이든 정신만 똑바로 차리면 된다고 했지 않았던가?!!

나름 동반자 신경 쓰지 않고 열심히 집중하면서 충실히 치고 있는데…….

기훈이가 저 멀리서 소리를 지른다.

"야~ 인마, 너 뭣해? 빨리 치지 않고. 뛰어~~ 뛰어~~."

계속 나보고 볼만 치면 뛰란다. 제길…… 숨차 죽겠네.

그 다음부터 홀마다 티샷이 끝나면 캐디가 주는 클럽을 냅다 받아들고 달리기 선수마냥 날아간 공을 향해 무조건 달렸다.

생애 첫 라운드에서의 첫 타는 몸만 반 바퀴 돈 헛스윙. 떨리는 마음을 가라앉히고 정신없이 다시 치니 일단 공은 날아갔다. 결과는 O.B.

볼 앞에 서면 숨을 고르기조차 힘들었다.

헉! 헉!

에잇, 휙~

쳤다.

이제 뛴다.

또 뛴다.

계속 뛰었다.

페어웨이는 넓기만 한데 이상하게도 내 볼은 산으로 숲으로 좌우(러프) 끝으로만 간다.

그래도 나름 연습장에서 아이언샷을 열심히 했다고 생각했는데…… 쩝…….

그도 그럴 것이 연습장에서는 평평한 매트에서 치지만 필드에서는 평평한 곳을 찾기란 쉽지가 않다. 웬만해선 다 언줄레이션이 있다.

아무튼 뭣 하나 마음먹은 대로 되는 것이 하나도 없었다.

그 이름 들어 보았던가?!! 뱀샷(공이 제대로 뜨지 않고 낮게 깔려 가는 것. 일명 쪼루), 화단샷(볼이 화단에 들어간 상태)…….

잘 맞았다 싶으면 그린을 훌쩍 넘는 일은 밥 먹듯이 일어났다.

연습장에서는 무조건 멀리만 나가면 되는 줄 알았는데…… 쩝!!

그린에 공 올리기가 너무 힘들었다. 그리고 참 바빴다. 너무 숨이 찼다.

드디어 우여곡절 끝에 공을 그린에 올렸다. 그린에 올려놓아도 원 퍼트 이상이면 무조건 OK(컨시드)를 주니 홀 인하는 소리(땡그랑) 듣기는 하늘의 별 따기다. 우씨, 나도 땡그랑 소리 듣고 싶다구~

그렇게 바쁘게 숨차게 정신없이 뛰어다니며 나인 홀을 마친 뒤의 그늘집에서의 휴식은 일단 숨이 차지 않아 좋았다. 골프를 하면, 공을 치고 나서 폼 나게 같이 걸어가며 얘기도 하고 뭐 그러는 줄 알았는데 나더러 뛰라고만 하니 힘들어 죽는 줄 알았다.

이렇게 힘든 골프를 뭐 할 짓 없다고 하는지 후회감이 밀려오기 시작했다.

보통 첫 라운드 때는 뛰어다니느라 숨 고르기가 힘들고, 그런 상황에서 볼을 치면 잘 맞을 리가 없다. 아무리 바빠도 숨 고르고 치는 것을 익혀야 한다.

처음 라운드를 나간 초짜들의 문제점

처음 코스에 나가게 되면 정신이 없게 마련이다.

'내가 민폐 끼치는 건 아닐까?', '내 볼이 안 맞으면 어떡하지?' 등등 근심 걱정이 많다. 멋진 샷을 하는 플레이어를 보면 '와~ 굿샷!' 하고 감탄이 절로 나온다.

다른 사람 플레이를 지켜보되 방해되지 않는 범위 내에서 자신의 볼 위치로 최대한 빠르게 이동하고 볼을 칠 때는 여유 있게 하자.

골프장에서 제일 많이 보는 풍경 가운데 하나가 바로 티(Tee)에 목숨 거는 것이다. 비싼 볼은 찾지 않으면서 잔디 속에 떨어진 티 찾느라 시간을 다 보내고 동반자가 다 친 뒤에도 티에 연연하는 플레이들이 많다. 같이 찾아 주는 척은 하지만 속 터진다.

티를 꽂는 위치

두 개의 티 마커의 위치부터 확인하고 볼이나 발의 위치가 가장 평평한 곳을 찾는다.

티를 꽂기 전에 어드레스를 취해 보는 것도 좋다. 이때 티 마커 앞으로 나가면 '배꼽'이 나왔다고들 한다. 2벌타다. 고작 한두 걸음 앞에 놓고 친다고 해서 비거리가 더 나가는 것도 아니고 보기가 파 될 일은 아니니 아예 20~30센티미터 뒤에서 티샷 하는 습관을 기르자.

볼의 2~3m 앞에 자신이 알아볼 수 있는 임의의 지점을 선택하여 목표 방향을 정한다.

티 높이

백돌이들은 티샷을 할 때 티를 대충 잔디에 쿡 찔러서 치거나 앞사람이 친 곳에 아무 생각 없이 놓고 친다. 그리고 불안해한다. 높은 것 같기도 하고 낮은 것 같기도 하고, 티를 너무 낮게 꽂거나 높게 꽂아도 비거리의 손실이 생긴다.

클럽 헤드 크기도 다양해졌다. 일단 자신의 스윙에 따라 클럽 헤드의 페이스 높이에 따라 스윗 스팟에 정확하게 맞히는 위치를 찾아 높이에 맞게 그리고 일관성 있게 꽂아야 한다.

클럽 헤드 면을 깨끗하게 닦고 볼을 몇 개 쳐 본 뒤 클럽 헤드에 생기는 자국을 보며 자신만의 적당한 티 높이를 찾는다. 다른 거 다 필요 없고 티를 꽂고 볼을 올려놓았을 때 자신감이 생기면 된다.

티 꽂는 방법

티 꽂고 볼 올려놓는데 세월아 네월아~ 주저앉아서 티 하나 꽂고 그 위에 볼 얹고 있는 모습을 보면 답답함과 짜증이 밀려오고 보는 사람 환장한다. 또는 엉덩이를 높이 들어 두 다리를 편 채 엉성하게 티를 꽂지 말자. 갑자기 똥침 놓고 싶어진다. ㅎㅎ

다른 것 다 필요 없고, 티를 꽂고 볼을 올려놓았을 때 자신감이 생기면 된다.

티 꽂는 자세

대부분의 초보자가 엉거주춤
쭈그리고 앉아 티를 꽂는다. 너무
초보자 티를 내지 말자. 매 홀마다
이러면 아무도 골프 동반자가 되려
하지 않는다.

허리를 조금 숙이고 무릎을 살짝
굽혀 여유 있고 품위 있는 자세로
티를 꽂는다. 그러면 바로 "와우~
오빠 멋있는데?!!" 하는 감탄사를
듣게 될 것이다.

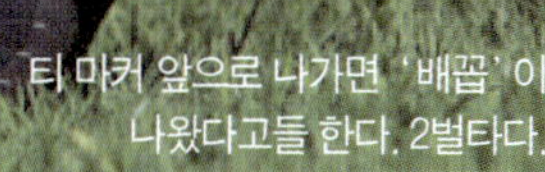

티 마커 앞으로 나가면 '배꼽' 이
나왔다고들 한다. 2벌타다.

한두 걸음 앞에 놓고 친다고 해서
비거리가 더 나가는 것도 아니고,
보기가 파가 되는 것도 아니니
아예 20~30센티미터 뒤에서
티샷 하는 습관을 기르자.

그늘집

마음의 안정을 찾으며 간단한 음식을 먹었다. 이런 곳에서 자장면도 먹을 수 있다니 특이하고 더 맛있게 느껴졌다.

근데 나더러 잘 먹었다고 하며 다들 그냥 나간다.

에이 까짓것, 내가 사지 뭐…….

돈을 내려는데 홍기훈이 이런다.

"네 앞으로 달아 놨으니 이따가 계산해."

"……."

그런데 그늘집에 들를 때마다 나한테 잘 먹었다고 한다. 이런 된장 할 놈.

"야, 기훈아, 이제 네가 좀 내." 하면서 역정을 냈더니 기훈이는 대꾸도 없이 커피를 챙겨 씩 웃으며 나간다.

카트에 올라타면서 기훈이에게 한마디 했다.

"야, 인마, 커피는 왜 사람 수대로 갖고 나와?! 나눠 마시면 되는데.”

돈이 아까웠다. 내 앞으로 달아 났다니까 더 아까웠다.

‘하나 가지고 둘이 나눠 마시면 되는데…… 쩝…….’

난 그날 그늘집에서 별로 먹지를 못했다.

첫 그늘집에서는 기훈이가 아침을 먹고 나오지 않았다며 떡을 하나 집어들고 나오는 게 아닌가? 고작 손바닥만 한 떡이 5천 원이나 되는데, 그걸 먹다니, 이런 1m 버디 찬스에 퍼팅으로 뒤땅 칠 놈!

차라리 골프장에 김밥 파는 아줌마가 돌아다녔으면 좋겠다. 아니면 내가 여기서 김밥 팔아도 돈 좀 되겠다 생각했다.

난 혼자 고민에 빠졌다. 지는 테마게임의 주인공으로 인기도 많은데 일도 없고 돈도 없는 나한테 달아 놓다니…….

아무래도 뭔가…… 이상한 기운이 맴돌고 있다.

18홀을 다 돌고 나면 먼저 도망갈까?

홍기훈 저놈이 나한테 이렇게 바가지 씌울 놈이 아닌데…….

있는 놈이 더한다더니 인기 상승세를 타더니 인간이 변했나?

나는 정말 내가 내는 줄 알았다. 나중에 보니 계산할 때 나눠 내는 것이었다. N분의 1로…….

카트에서 별별 생각을 다하며 전쟁터에 온 기분으로 허공을 나는 공의 방향에 따라 난 또 종횡무진 열심히 뛰어다녔다. 강아지랑 공놀이 할 때 공을 아무데나 휙 던지면 잽싸게 뛰어가서 공을 물어오듯 난 개 발에 땀 나듯 뛰었다. 딱 그 모양새였다.

태어나서 열심히 무언가를 향해 뛰고 쫓아다니기도 처음이다.

후반 라운드에는 정말 내 실력으로 파를 기록한 홀도 있었다. 12번홀 파3홀이다. 거리는 150m 남짓으로, 6번 아이언으로 쳤다. 정말 잘 맞았다.

에지에 맞더니 톡톡 튀어 굴러가 핀 1.5m에 붙는다. 너무 기분이 좋았다.

우와, 내가 이런 볼을 칠 줄이야! 신났다.

동반자들끼리 골프 신동 났다며 하이파이브를 하고 난리가 났다.

그날 그 파가 오랫동안 내게는 없었다. 파라는 것이 어찌나 어려운지…….

암튼 나의 첫 경험은 이렇게 우왕좌왕, 좌충우돌로 끝이 났다.

이제 씻고 집에 가는 일만 남은 듯했다.

로커에서 옷을 벗고 탕 안으로 향했다. 뜨거운 물에 발 하나를 담그는 순간 에구구~ 노곤함이 밀려온다. 한 발을 마저 담그니 신음이 절로 나왔다.

온몸을 다 담그니 긴장감이 풀려서인지 잠이 쏟아졌다.

운동하러 온 건지, 노동하러 온 건지, 나 원 참…….

그늘집 이용 & 라운딩 종료

- 그늘집 이용은 티오프 시간과 이름 또는 로커 번호를 이야기한다. 그늘 집에서 돈 내려고 쭈뼛쭈뼛 서 있지 마라. (돈은 나중에 프론트 데스크에서 계산할 때 N분의 1이다.)

- 18홀을 마치고 나면 동반자들에게 잘 쳤습니다. 즐거웠습니다. 또는 수고하셨습니다. 간혹 개평(?) 달라고도 한다. 도우미에게도 인사하는 것을 잊지 말자.

- 캐디피는 봉투에 담아 주고 클럽 개수를 확인한 뒤 사인을 해 준다. (클럽이 바뀌는 경우가 종종 있다.)

- 클럽 교환권을 받는다. (직접 주차장에 실어 주기도 한다.)

- 클럽하우스 들어가기 전 신발과 옷을 털고 들어간다.

- 로커룸에서 옷을 벗고 사우나에서 샤워를 하고, 옷을 갈아입는다. (로커에서 옷을 벗고 목욕탕에 갈 때 열에 아홉은 팬티까지 벗고 간다. 남들 팬티 입고 가는데 혼자 털래털래 가 봐라. 얼마나 창피한지.)

- 프론트에 로커 키를 반납하고 후불인 경우 그린피를 정산한다.

- 차량을 클럽하우스 정문으로 가져와 클럽교환권을 주고 클럽과 보스턴백을 싣는다.

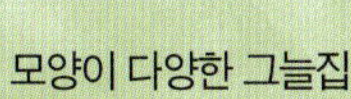

모양이 다양한 그늘집

첫 라운드 스코어

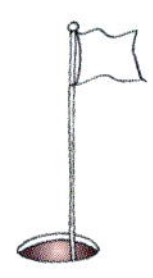

과정의 결과물이 스코어이긴 하나 내용이
나쁘면 결과가 좋을 수 없다.
— KLPGA 최여진 프로

나는 그날 104타를 쳤다.

동반자들이 어찌나 볼 집으라는 얘길 많이 해 줬는지. 그린에
올라가서는 매 홀마다 컨시드(concede)를 줬다. 아무래도 자기
들은 집중해서 치는데 알짱거리면 방해가 되니까 그런 모양이
었다.

현장에 없던 많은 사람들은 다들 내 스코어에 놀랐다. 이 스코
어 카드를 본 효창의 김선화 회장이 천재 났다며 연습장은 무료
로 이용하라고, 아니 프로 데뷔해도 되겠다며 칭찬을 아끼지 않
았다.

난 이게 정말 내 실력인 줄 착각을 하고는, 어디 가서 대놓고
104타로 머리 얹었다고 자랑하며 떠들고 다녔다.

제대로 치고 제대로 스코어를 적었다면 아마도 130개 이상은
쳤을 것인데 어찌 되었든 스코어 카드의 숫자는 104타다.

스코어 카드 작성법

본인 스스로 스코어를 작성하는 습관을 기르게 되면 어느 날부터 자연스럽게 코스에 대한 파악이 빨라진다.

경기가 끝나면 스코어 카드는 꼭 챙겨온다.

개인 골프 역사의 중요한 자료가 된다. 페어웨이에 떨어진 샷이 몇 개였는지, 그린에 안착된 샷이 몇 개였는지, 퍼팅은 몇 개를 했는지, 스코어의 기복이 어떻게 되는지, 가장 잘된 샷과 잘못된 샷을 파악하고 다음 라운드 때 비교해 보면 골프에 대한 분석과 함께 장단점을 파악할 수 있다.

라운드를 분석하고 자신의 취약한 부분을 연습한다.

그날 라운드에 안 된 샷을 연습하면 부정적인 생각들은 사라지고 다음 라운드에 대한 긍정적인 생각과 자신감으로 스코어를 줄일 수 있는 지름길이 된다.
가장 좋은 방법 중 하나는 라운드 후 바로 연습장 가서 10분이라도 쳐 보는 것이다!

스코어 카드. 골프장마다 모양이 다르다.

첫경험이 나를 연습에 눈뜨게 하다

기훈이와의 라운드는 나에게 많은 생각을 하게 만들었다.

첫 라운드를 하고 보니 은근히 기훈이가 부러웠다. 골프장에서의 행동이 나처럼 부자연스럽지 않고 참 자연스러운 것이 아닌가. 머리 얹으러 간 나를 중간 중간 배려하는 것 하며 이것저것 찬찬히 알려 주는 모습. 어찌나 골프 치는 폼이 멋있던지 그리고 또 어찌나 잘 치던지. 그는 퍼펙트한 보기 플레이어였다. 그날도 아마 89타를 친 걸로 기억한다.

내가 치는 볼은 임팩트도 없고, 그냥 맥없이 날아가는데, 그가 친 볼은 바람 가르는 소리가 났다. 공이 깨질 듯이, 아파 죽겠다는 듯이, 엄살을 떨며 날아간다. 피슈슉~~~~ 와, 정말 부러웠다.

왜 나는 저렇게 칠 수 없을까?

나는 효창 골프 연습장에서 나의 코치(티칭 프로) 박 프로를 불렀다. 라운드를 갔던 이야기며 그날의 여러 가지를 얘기해 줬다. 박 프로가 깜짝 놀란다.

"한 달 연습하고 골프장을 가면 안 되죠. 두 달은 더 하시고 나가세요."

"……."

나는 일주일을 쉬었다. 의사의 지시에 따라 골프채를 잡진 않았지만 그 사이 골프 잡지를 사서 읽었다. 책에는 여러 가지 요령들이 나와 있었다. 드라이버 치는 스윙의 궤도, 벙커 탈출법, 러프에서의 클럽 선택, 내리막 경사에서 치는 요령 등등 흥미로웠고 혼자 상상을 하면서 글을 읽었다. 이해가 되는 부분도 있고 전혀 이해가 가지 않는 부분도 있었다.

그런데 날마다 하던 연습 대신 잡지만 읽고 머리로만 생각하니 미칠 것 같았다. 쳐 보고 싶었다. 나는 다시 연습장으로 출석하기 시작했다. 일주일 만이다. 오랜만(?)에 갔더니 사람들이 반겨 준다.

1층에서 자릴 잡고 열심히 치는데 연습장의 헤드 프로인 한덕종 프로가 2층에서 치란다.

나중에 〈J골프〉를 진행하는 최여진 프로에게 들어서 안 사실이지만 우리나라 연습장은 대부분 오르막 지형으로 되어 있기 때문에 초보자가 1층에서 치면 자꾸 퍼 올리는 스윙을 하게 된다. 즉 실전 코스에서는 티잉 그라운드가 홀을 바라볼 때 오르막

최대한 평지로 보이는 2층이나 3층에서 연습을 하게 되면 공을 퍼 올리리지 않고
자연스럽게 깔게 되는 스윙으로 자리잡는다.

인 곳은 많지가 않다. 그러기 위해서는 최대한 평지로 보이는 2층이나 3층에서 연습을 하면 공을 퍼 올리기보다는 자연스럽게 깔 줄 아는 스윙으로 자릴 잡는다. 공을 까내는 방법을 먼저 치라는 뜻이었다. 공을 깔 줄 알아야 나중에 칠 줄 안다는 뜻이다.

나는 2층으로 자릴 옮겨 연습하기 시작했다. 드라이버 샷을 집중적으로 연습했다. 켕! 틱! 맞는 소리가 남들처럼 경쾌하지 않다. 하지만 미친 듯이 쳤다. 야구 스윙에도 대입해 쳐 보고 별짓 다 했다.

야구 스윙도 홈런이 나오려면 배트가 돌아가는 각도와 평행선에서 임팩트가 이뤄져야 한다. 좀 더 평행을 지나서 맞으면 왼쪽으로 공이 날아갈 것이요, 좀 덜 가서 맞으면 오른쪽으로 날아갈 것이다(혼자 해 본 생각이다). 골프도 마찬가지라 생각했다.

어릴 적부터 난 잔머리가 좋았다. 별명이 '잔큐(잔머리 아이큐) 200'이었다.

나는 임팩트만 생각했다. 그것도 야구 임팩트. 근데 희한하게도 맞기 시작했다. 깡! 깡! 경쾌하다. 드라이버를 마스터했다.(이런 건방진! 골프에 마스터가 어디 있는가?)

연습장에서는 타석을 하루하루 옮겨 다니며 연습하라. 방향 연습에 많은 도움이 된다.

레슨 프로 선택하기

지도자를 잘 만나야 상호 대화가 잘 이루어지고, 함께 연구하고 풀어나가면 성취감과 함께 즐길 줄 아는 골퍼가 된다.

- 지도자와 자신의 체형(신체 조건)이 비슷한지 체크한다.
- 프로 스스로의 커리큘럼을 가지고 있어야 한다.
- 궁금증에 대한 해답이 명쾌하고 과학적이어야 한다.
- 이렇게 선택한 지도자라면 레슨에 대해 신뢰해야 한다.
- 일단 레슨을 의뢰했다면 지도자를 믿고 따라야 한다.

※ 지도자와 골퍼의 체형이 비슷해야 골퍼가 지도자를 모델 삼아 따라 하기 싶다.

연습장에서의 연습 방법

개인의 능력이나 열성에 따라 상황은 다르지만 골프는 반복과 감각을 잃지 않는 것이 중요하다. 하루에 10분이라도 매일 연습하는 것이 100배 효과가 있다.

근육의 기억은 3일이라고 한다. 하루에 많은 양을 치고 연습을 하지 않는 것보다 일주일에 3~4회씩 꾸준히 하는 것이 중요하다. 연습은 양보다 질이다.

프로들은 볼 하나를 치는 데 1분 정도 시간이 걸린다. 즉 한 박스 연습을 하는 데 1시간이 걸리는 데 비해, 일반적인 골퍼들은 평균적으로 2~3박스를 친다고 한다. 생각 없이 연습하면 아무리 오랫동안 연습을 해도 실력이 늘지 않으므로 체계적인 연습이 중요하다.

구체적인 목표를 정하고 연습을 한다.

골프백을 들고 클럽하우스 식당까지

골프장에 도착하면 클럽하우스에 먼저 차를 세운 뒤 골프백을 내리고 주차장에 차를 세우게 되어 있다.

클럽하우스에 정차한 후 트렁크를 열어 주면 골프장 직원들이 골프백을 내려서 몇 시 몇 분 티업인지를 확인한 뒤 같은 팀의 카트에 실어 놓는다.

후배 개그맨 황봉알이라는 친구가 머리를 처음 올리는 날이어서 재미있는 추억을 만들어 주고자 장난을 친 적이 있었다.

"골프백 도난 사건이 많으니까 조심해야 된다."

"골프백을 훔쳐가?"

"그래, 조심해."

"클럽하우스에 도착하면 누가 골프백 달라고 하면 절대 주지 말고 가지고 다녀. 알았지?"

“…….”

머리 없는 날 그 친구는 클럽하우스에 도착해 차를 세우고 트렁크를 열어 달라는 직원의 말에 무심코 열어 주었다. 근데, 정말 그 사람이 골프백을 내리는 게 아닌가?

며칠 전 내가 얘기해 준 게 기억이 났단다.

그는 냉큼 내려서 골프백을 내리는 직원을 붙잡고

“이봐요, 아저씨!!! 왜 남의 백에 손을 대는 거예요?”

“…….”

“거 참, 이상한 사람이네. 이리 줘요!”

하면서 억지로 뺏어서 그 백을 클럽하우스 안에까지 들고 와서는 심지어 식당 안까지 가지고 온 것이다.

“형, 정말이더라고. 골프백 훔쳐가는 놈이 있다더니 좀전에 밑에서 어떤 사람이 태연하게 내 차 트렁크를 열어 달라고 하고 선 백을 꺼내서 가져가는 거예요.

그래서 내가 막 뭐라 그러고 이거 가지고 올라온 거예요.”

클럽하우스 식당 안은 졸지에 웃음바다가 됐고, 봉알이는 영문도 모른 채 이마에 흐르는 땀을 닦아 냈다.

어프로치 박사 표 박사

어프로치를 마스터하리라.

수없이 많은 공을 쳤다.

70m, 50m, 30m…….

번갈아 마음속의 거리를 정하고, 오르막 내리막 머릿속으로 연상하면서 하루 종일 피칭만 한 적도 있었다.

한때 나는 연습장을 갈 때 한 가지 채만 가져간 적이 많다. 무식하게 그것만 치고 오는 거다. 영화 《주유소 습격 사건》의 배우 유오성의 대사처럼 "난 한 놈만 패." 였다. 사실 지루하기도 하지만, 이것저것 다른 거 안 쳐다보고 하나에 집중할 수 있으니 나름 좋은 연습 방법 가운데 하나가 아닐까 한다.

나는 보통 연습장에서 100개의 볼을 연습한다고 할 때, 어프로치 50개, 아이언 30개, 우드 10개, 드라이버 10개를 친다. 이건 나의 경험지론이다. 어프로치, 칩샷을 더 많이 연습하는 이유는 더 정교해야 하기 때문이다.

연습할 때 대부분의 골퍼들은 드라이버를 더 많이 한다. 왜냐? 소리가 경쾌하고, 또 그 소리에 속이 시원하고, 몸을 많이 쓰니 운동한 것 같고, 아니면 옆 라인 연습자에게 잘난 척하려고……. ㅋ

나는 그야말로 두 달 동안 박 프로 코칭대로 한 클럽 한 클럽 마스터(?)하기 시작했다. 그리고 총정리의 의미로 골프채를 모두 들고 다니며 점검(?)에 들어갔다. 좋았다.

어프로치 마스터하기

70m, 50m, 30m 세분화된 목표를 정한다.

목표 방향 설정하여 10~20개씩 볼을 신중하게 친다. 연습장 철탑이나 원형 목표를 정하고 두 발끝, 두 무릎, 허리, 어깨가 평행을 이루도록 정렬하고 클럽 페이스를 목표점과 직각으로 두고 일정하게 목표점으로 볼을 보낼 수 있을 때까지 연습한다. 떨어뜨리는 지점이 중요하다. 거리에 따라 클럽을 바꿔 가며 떨어지는 지점을 확인하고 일정한 거리에 떨어뜨리는 훈련을 통해 몸에 익힌다. 목표를 바꾸면서 어프로치 연습을 한다.

※ 핵심 포인트 : 연습장에서 표적 맞히기 내기 하면 엄청 좋아진다.

실제 라운딩에서 18개 홀을 모두 집중하기는 어렵다. 연습을 할 때 실전과 같다고 생각한 뒤 연습한다.

연습도 마무리가 가장 중요하다. 마무리는 이미지 코스 트레이닝으로 한다. 연습장에서 자주 찾는 골프장의 18홀을 상상하면서 첫 홀부터 게임을 펼쳐 나가는 것이다. 드라이버샷을 한 다음 두 번째 샷은 상상으로 남은 거리를 맞춰 아이언 샷 또는 그린 주위라면 칩샷을 한다. 이러한 연습 방법은 매번 클럽을 바꿔야 하므로 다음 샷을 할 때 성급함을 줄여 주고 집중력 향상과 모든 샷을 연습할 수 있다.

표영호의 경험 Tips

1. 어프로치는 굴리느냐 띄우느냐를 명확하게 해야 한다. 어정쩡하게 치면 안 되므로 확실히 정하고 샷을 하라.
2. 스윙을 하기 전 공이 가는 것을 머릿속으로 그려 보는 것이 필수다.

3. 왼손을 강하게 잡고 손목 사용 절대 금지.
4. 체중 이동 없도록 양발 사이를 좁힌다.

칩샷에 스핀을 걸고 싶죠?

공을 왼쪽에 두고 클럽 헤드를 오픈한 뒤 백스윙이 완만하게 이루어지면서 약간의 손목 코킹을 해 준다. 그리고 볼을 터치한 뒤에는 클럽 헤드가 하늘을 보게 한다.

단점이 있다. 연습이 제대로 안 되면 토핑을 쳐서 그린 주변에서 난데없는 홈런이 나올 수 있다. 약이 많이 오를 수 있으니 조심하길.

공을 왼쪽에 두고 클럽 헤드를 오픈한 뒤 백스윙이 완만하게 이루어지면서 약간의 손목 코킹을 해 준다. 사진 최여진 프로.

골프 고수 김국진과 라운드를 가다

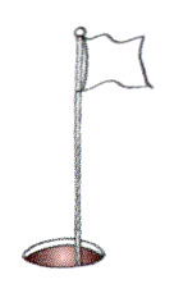

좀 친다 싶어 어느 날은 연습장에 있는 국진 형을 찾아갔다.

김국진은 하나에 꽂히면 뿌리를 뽑는 성격이라 프로 테스트를 준비하고 있었다. 그는 그 당시에 평균 75타는 치는 싱글 중의 싱글이었고, 가끔 언더파도 치고 상대에게 말리거나 날씨, 컨디션에 따라 82~83타도 칠 때였다.

공을 밑으로 깔아서 쳐 보기도 하고, 찍어 쳐 보기도 하고 쓸어 쳐 보기도 하고, 그야말로 골프공으로 별 짓 다할 때다.

"어, 왔니?"

"이번 테스트에서 꼭 되라, 형. 형이 안 되면 골프는 지랄 맞은 거야."

"테스트에 참가하려고 녹화도 미리 다 해 놨어."

그 당시 김국진이 골프 세미프로 테스트에 합격하느냐 못 하느냐가 방송가나 골프계의 이슈였다.

“내가 응원 갈까?”

“아냐, 됐어. 끝나고 보자.”

난 실질적으로 응원을 갔었다. 그리고 마음속으로 간절하게 빌었다. 내가 좋아하는 저 인간이 꼭 합격해서 김국진 프로라는 말을 듣길 원했다. 그는 안타깝게도 프로가 되지 못했다. 한 타 차이로, 여러 번을…….

어쨌거나 저쨌거나 난 국진 형에게 보여 주고 싶었다.

“형, 나 원래 골프 잘 쳐.”

거짓말을 했다.

“???”

국진 형이 웃는다. 한번 쳐 보라는 식으로 채를 준다.

7번 아이언을 쳤는데 정말 소리가 경쾌하다.

“오우, 와~ 대단한데? 다시 쳐 봐.”

난 또 쳤다. 정말 클린하게 맞았다 할 정도로 잘 맞는다.

“연습했어?”

급 관심을 보인다. 그의 성격이다. 자기와 뭔가 상통하는 게 있다 싶으면 혀 짧은 소리로 “그래?” 하고 급 관심을 보인다.

“나 원래 잘 쳐.” 했더니 웃으며 한번 나가잔다.

난 그날 정말 오랜 시간 국진 형과 골프 얘기를 많이 나눴다.

국진형의 차에 채를 싣고 도착한 곳은 서서울CC다.

국진형의 선배 되는 분들과 동반 라운드였는데 다들 퍼펙트한 싱글들이다.

시작하기도 전에 주눅이 들었다. 클럽도 삐까번쩍하고, 일주일에 두세 번은 라운드를 하는 사람들이었다.

일주일에 두세 번 라운드라. 세 번이라 가정하고 1년에 10개월은 친다, 라고 봤을 때 연중 120회 라운드를 하는 꼴이다. 적어도 1년에 100회에서 120회는 라운드를 한다는 얘긴데, 한 번 라운드에 들어가는 돈이 수도권을 기준으로 20~25만 원은 든다고 보면, 1년에 2,000만 원에서 2,500만 원은 든다. 거기에 동반자 중 이글(eagle)이라도 하거나 홀인원(hole in one)이라도 하게 되면 들어가는 비용은 천차만별이다. 골프가 직업이 아니고 취미로 하기엔 너무 많은 지출이다. 우리나라엔 부자가 참 많아 보였다. 골프장에 가면 사람들이 바글바글하니…….

암튼 그렇게 10년을 쳐도 싱글 반열에 오르기란 쉽지가 않다. 그렇다면 일반 범인들 중에 싱글 골퍼라 한다면 어느 정도 재력이 있거나 운동 신경이 뛰어나거나, 그것도 아니면 죽기 살기로 친 사람들이다.

이번 동반자들은 대단한 사람들처럼 보였다. 감히 내가 넘볼 수 없는 수준의 사람들…….

김국진은 대단하다. 골프채를 본격적으로 잡고 1년 만에 싱글이 됐고, 이제는 프로 테스트를 준비하니 말이다. 그 당시 그는 방송 스케줄로 인해 잠도 제대로 못 잘 때였다. 물론 김용만과 둘이 미국 유학 시절에 설렁설렁 몇 번 쳐 보았다지만 그땐 산보

하는 수준이었다고 한다.

난 잘 치는 싱글들 앞에서 자신이 없었다. 첫 홀에서 드라이버 치는 걸 구경했다.

"깡~ 슉~"

"깡~ 슉~"

"깡~ 슉~"

쭈욱~ 쭉 일자로 잘도 뻗어 나간다. 소리도 멋지다. 그 옛날 로마의 기병들이 전쟁터에서 적군을 향해 말을 타고 돌진할 때 바람을 가르며 달려 나가는 소리마냥 날렵했고 때론 무섭게 느껴지기까지 했다.

나는 옆에서 멀리 나는 연을 바라보며 좋아하는 아이마냥 나이스~ 나이스~를 연발했다.

경이로웠다.

드라이버샷을 멀리 보내진 못했지만
똑바로는 날아갔다. "와, 잘 치는데?"
이구동성으로 한마디씩 거든다.

아니, 신비로웠다. 어쩌면 저렇게들 잘 칠까? 폼은 다들 제각각인데 공은 하나같이 빨랫줄처럼 직선이다.

드디어 내 차례다. "가~ㅇ" 하고 힘없이 맞는다. 곧장 간다. 멀리 보내진 못했지만 똑바로는 날아갔다.

"와, 잘 치는데?" 이구동성으로 한마디씩 거든다.

"영호 씨는 골프 친 지 얼마나 됐어?"

선배 되는 분이 내게 묻는다.

"저요…… 이제 3개월쯤…… 얼마 전에 머리 얹고 두 번째입니다."

"스무 번은 라운드한 실력인데요?"

ㅎㅎ. 뿌듯하다. 기죽었던 어깨가 으쓱거려진다.

"감사합니다."

세컨샷을 치려고 내 공을 확인하고 어드레스를 했다. 이건 뭐야? 땅이 울퉁불퉁하다. 연습장은 평평한 자리였는데 실전은 그렇지가 않다. 몸이 앞으로 쏠렸다 뒤로 넘어졌다 별짓 다한다.

심호흡을 하고 쳤다. 이런 된장! 생크다. 내 공은 산으로 날아갔고 캐디는 주머니에서 공을 꺼내 그 자리에 하나 더 던져 준다. 국진 형이 알려준다.

"OB가 나면 벌타를 받고 그 자리에서 또 치는 거야. 좋은 곳으로 옮기고 싶지만 그건 룰도 아니고 매너도 아니야. 알았지?"

아~ 그런 거구나. 첫 라운드 때는 기훈이가 좋은 데 놓고 치라고 해서 으레 그러는 건 줄 알았는데 그건 배려였구나.

표영호의 트러블 슈팅 해결법

생크란?

볼이 호젤(Hosel : 클럽 페이스의 목 부분)에 맞아서 볼이 오른쪽으로 가파르게 튀어나가는 어이없는 볼을 말한다. 몸과 공의 거리가 지나치게 가까울 경우 생크가 발생한다. 스윙 시 체중이 지나치게 앞쪽으로 쏠려 있어도 그런 현상이 생긴다.

다운스윙이 아웃사이드 인이 되어도 그렇다.

해결 방법

- 볼과 볼 사이의 간격을 더 멀리 조정해 준다.
- 체중을 뒤꿈치 쪽으로 옮겨 준다.
- 손을 몸 쪽으로 더 가깝게 끌어당긴다.

생크는 피칭 등의 정확성을 요구하는 짧은 클럽에서 가깝게 서는 경향 때문에 많이 생긴다.

다시 쳤다. 잘 맞았다. 포물선을 그리며 날아간 공이 그린 앞에 멈춰 섰다. 어프로치 연습을 얼마나 했던가? 5온에 2퍼트로 첫 홀에서 트리플 보기로 홀 아웃을 했다. 나머지 세 명은 파로 각각 홀 아웃을 했다. 잘 치는 사람들과의 라운드는 늘 그렇듯이 쑥스럽고 창피하면서 주눅이 들긴 해도 배우는 게 많다.

전반 9홀을 55타로 마무리했다. 근데 이 팀은 홀컵에 50cm 정도 안 붙으면 컨시드를 주지 않았다. 그야말로 땡그랑 소리가 날 때까지 친다. 55타면 잘 친 거라며 나를 위로해 준다. 잘 친 건가?

대부분의 샷이 형편없었지만 어떤 샷은 정말 잘 맞은 것도 있었다. 사람들이 그래서 골프를 치나 보다. 공이 잘 맞으면 손에서 전해져 오는 느낌과 날아가는 공을 보는 기분이 짜릿하다. 그 맛을 더 느끼기 위하여 계속 도전하는 것 같다. 낚시꾼 손맛 느끼듯……. 암튼 첫 라운드 때보다 덜 뛰어다닌 것 같았다.

공이 좀 덜 날아가면 카트에서 먼저 내릴 줄도 알았고, 채를 미리 두세 개 빼서 갈 줄도 알았다. 그것도 국진 형이 일일이 알려줘서 알았다.

골프는 매너 게임이라 상대방에게 거슬리면 안 된다고, 이것은 속임수나 편법이 아니라 자신의 스코어를 향상시키기 위한 한 가지 방법이라고 했다. 그래서 필요한 경우에 대비해 올바른 지식을 갖추는 것이라고 했다.

그늘집에서 물만두를 먹고 나오니 후반이 시작되었다.

전반 9홀에 55타를 쳤으니 이제 49만 치면 지난번과 같은 104타다. 그땐 온전한 내 실력이 아니었지만 나도 모르게 그게 내 타수라고 믿게 되었고, 그래서 목표를 104타로 잡았던 것이다.

열심히 산으로 숲으로 러프로 벙커로 지그재그로 다녔다.

라운드를 하면 백돌이는 10km, 보기 플레이어는 9km, 싱글은 8km를 걷는다고 한다. 나는 적어도 11km는 걸은 것 같다.

벙커만 보이면 자석이라도 있는 듯 공이 빨려들어 갔다. 벙커가 걱정이 된다 싶으면 여지없이 벙커로 날아간다.

골프는 철저히 심리 게임이다.

미국의 전설적인 주식 투자자 제시 리버모어는 수많은 금융 전문가들과 어울렸다. 언젠가 그는 에드 켈리, 월터 크라이슬러와 함께 레이크플레시드 골프장에서 3인조 골프를 쳤다. 홀당 100달러에서 200달러까지는 내기 골프였다. 켈리가 그중 제일 잘 쳤는데 스크래치 핸디캡(이븐 파를 치는 실력)이었다.

15번 홀에서 리버모어가 그에게 말했다.

"에드, 지금까지 보면 자네가 제일 잘 치고 있군 그래. 자네 17번 홀 페어웨이 왼쪽에 있는 커다란 바위에 대해 생각해 본 적 있나?"

리버모어의 질문에 에드 켈리가 어리둥절한 표정으로 반문한다.

"내가 왜 그런 걸 생각해야 해? 나는 한 번도 그 근처로 공을 날린 적

없는데. 그 돌을 맞힌 건 항상 자네였어."

"그래, 몇 번 맞혔지. 하지만 오늘은 자네가 맞히게 될 거야."

"이거 왜 이래. 그럴 리 없어, 제이엘(제시 리버모어의 애칭)."

"아냐, 에드. 자네 공이 저 바위를 정통으로 맞히고 호수로 날아갈 거야."

"불가능해. 내가 자네 같은 줄 아나?"

에드 켈리는 웃었다. 그들은 이내 바위 따위는 잊은 채 한 홀을 더 돌았다. 17번 홀에서 티업을 할 때 리버모어가 말했다.

"이봐, 에드. 내가 직감으로 유명한 거 알지? 오늘 내 직감으로는 아무래도 자네가 저 바위를 맞히게 될 것 같아. 이 상황에서 내기를 걸고 싶어지는군."

"제이엘, 자네가 아무리 돈을 잘 번다 해도 돈을 그렇게 함부로 버려서는 안 되지. 얼마 걸고 싶은데. 100달러?"

당연히 켈리는 의기양양했다.

"300 어때? 바위를 맞히고 호수로 튕겨나간다는 데 걸겠어."

"아주 무덤을 파는군."

"누구의 무덤이 될지는 두고 보면 알 테고. 어쨌든 자네는 절대로 저 바위를 맞히면 안 되네."

리버모어가 방긋 웃어 주고 뒤로 물러났다. 이윽고 켈리가 힘껏 스윙을 했다. 공은 무지개처럼 포물선을 그리며 떨어지다가 바위를 정통으로 맞히고 거짓말처럼 호수 속으로 사라졌다.

"제이엘, 자네가 징크스를 만들었어!"

켈리가 비명을 질렀다.

"날 바보로 만들다니……, 평생 저 바위 근처로 공을 날려 본 적도 없는 내가!"

리버모어는 미소 띤 얼굴로 켈리를 달랬다.

"그게 바로 암시의 힘, 잠재의식의 힘이지."

"음, 할 말이 없군."

— 출처 :《월스트리트 최고의 투기꾼 이야기》

골프는 그야말로 멘탈이 중요함을 일깨워 주는 일화다.

내가 볼을 치면 해저드, 벙커, 숲 가리지 않고 찾아 들어간다. 정말 지겨웠다. 동반자들에게도 죄송하고 송구스러웠다. 국진 형은 괜찮다고 하지만 몸 둘 바를 몰랐다. 똑바로 가는 공보다는 잘못 가는 경우가 허다했고, 어쩌다 잘 맞아도 어드레스 방향을 못 잡아 엉뚱한 곳으로 날아가는 것이 아닌가. 그날 캐디는 거의 내 개인 비서라 할 정도로 공 찾느라 바빴다.

공을 치고 나면 다른 사람들은 얘기도 하며 중앙으로 걸어 나가는데, 난 숲으로 산으로 공 찾으러 다니니 나더러 무장 공비가 아니냐는 둥, 다음부터는 골프화 말고 등산화를 신고 오라는 둥 농담을 던진다.

그러나 그렇게 고생을 하면서도 나는 그날 공에 손 한 번 대지 않고 플레이했다.

김국진은 나에게 그걸 가르쳤다. 자꾸 좋은 자리에 볼을 놓고 치면 늘지 않을뿐더러 실전 골프에서는 그렇게 공이 예쁘게 잘 놓여 있는 경우보다 그렇지 않은 경우가 많다는 거다. 정말 피도 눈물도 없는 PGA룰이다. 그리고 좋은 데 놓고 치지 않고 볼이 있는 그대로 치는 버릇을 하다 보니 정말 별별 샷을 다 해 봤다. 나무 위에 걸려 있던 볼을 발로 차서 떨어뜨렸더니 벌타란다. 내 키보다 큰 나뭇가지 위에 걸려 있는 볼을 클럽으로 툭 건드려서 치기도 했다. 그것도 한 타다.

김국진은 룰을 철저하게 배우고 지키라고 했다. 사실 그는 룰에 엄격하다. 보이지 않는 곳에서 볼을 치고 나오더라도 나중에 자신의 실수를 인정하고 스스로 벌타를 매긴다.

가끔 아마추어 중에 보기 플레이어나 싱글 플레이어 중에도 실제 경기를 해 보면 진정한 보기 플레이어나 싱글 플레이어가 적다. 그 말은 제대로 룰을 지키지 않고 치다가 룰대로 치면 보통 5타 정도는 더 친다. 그래서 프로 골퍼들은 이렇게 얘기한다. 룰을 알면 5타 이상을 줄인다고……

한번은 LPGA 김미현 선수를 만난 적이 있다.

"핸디가 어떻게 되세요?" 물어본다.

"보기 플레이어입니다." 했더니,

"와~ 잘 치시네요. 세계적으로 골퍼들 중에 진정한 보기 플레이어는 15%도 안 될걸요?" 한다.

놀랍지만 사실이란다. 룰대로 치면 정말 그럴 것이다.

나의 두 번째 라운드는 결국 110타로 종료됐다. 그러나 자부

심은 있었다. 오늘 친 것이 그야말로 나의 온전한 타수라는
걸…….

나의 골프는 그날 이후 키가 커졌다.

코스에서 지켜야 할 에티켓

1. 준비하기! 자신의 차례가 되면 칠 준비를 하라.

2. 파트너가 경기할 때 조용히 하라. 좋은 집중력은 훌륭한 골퍼
   에게 필수 요건이다.

3. 티 박스에서 경기 파트너와 적당히 떨어져 서 있어야 한다.

4. 볼을 치려고 하는데 클럽을 선택, 연습 스윙하거나 장갑을 벗
   으면 안 된다.

그린에서 지켜야 할 에티켓

1. 골프화로 그린을 상하게 하는 행동은 피한다.
2. 절대로 동반자의 퍼팅 라인 위를 걷지 않는다.
3. 다른 선수의 경기 라인 연장선에 서 있으면 안 된다.
4. 플레이어가 플레이할 때 움직이지 않고 조용히 한다.
5. 깃발이 홀 안에 꽂혀 있거나 그린에 놓여 있는 경우에 깃대를 맞히면 2벌타를 받는다.
6. 그린에 그림자 드리우지 말기.
7. 마크를 놓을 때 볼 뒤에 바짝 붙여 놓고 다시 볼을 놓을 때 앞으로 멀리 놓으면 반칙이다.
8. 잔디를 퍼터로 눌러 표시하거나 표적물을 놓고 스탠스 하면 반칙이다.

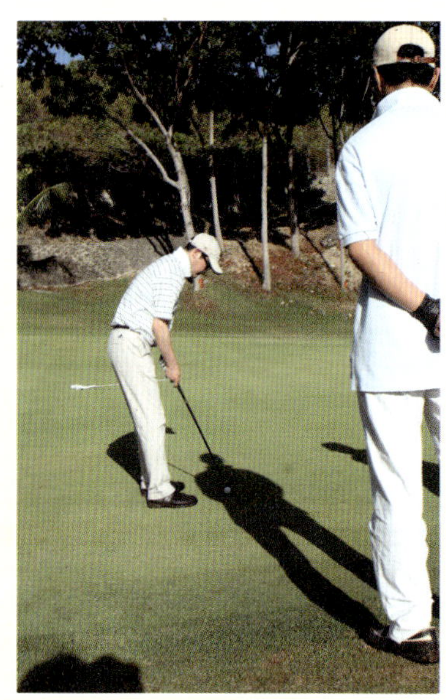

그린에 그림자를 드리우면 에티켓에 어긋난다. 동반자가 퍼팅을 할 때는 방해하지 않는 거리 내에서 조용히 지켜봐 준다.

골프 룰 중에 알면서 지키지 못하는 것들

드롭

해저드에 빠지거나 로스트 볼일 때 한 클럽 이내에서 핀과 거리가 먼 지역에 드롭을 한다. 그럴 때 과연 그걸 지키는 아마추어가 몇이나 될까? 대개는 비슷한 지역의 좋은 위치에 놓고 친다.

컨시드

보통 아마추어의 골프를 보면 퍼터의 한 클럽 이내의 볼은 컨시드를 준다. 그것은 라운드 시간 단축과 뒷팀과의 거리를 두기 위한 방편으로 사용돼 오던 것이다. 그러나 내리막 한 클럽은 넣기도 어려울 뿐더러 원래의 룰은 컨시드가 없다.

※ 이 두 가지 때문에 자기 핸디의 진정성이 없다는 것이다.

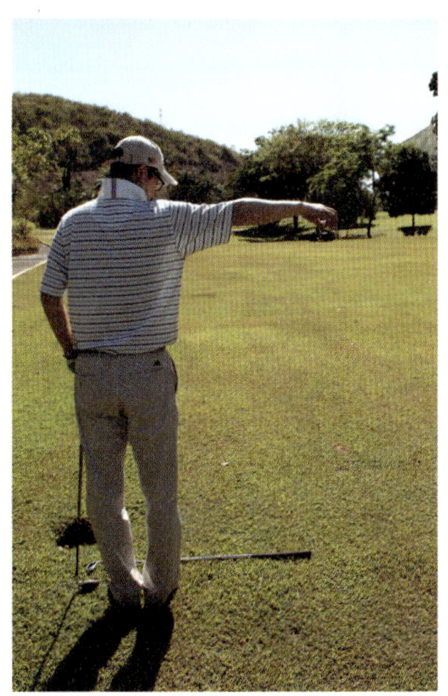

해저드에 빠지거나 로스트 볼일 때 한 클럽 이내에서 핀과 거리가 먼 지역에 드롭을 한다.

벙커샷에서 성공하기

벙커샷은 자신 있는 팔로우 스루(follow through)가 중요하다.

벙커에 빠졌을 때는 클럽 페이스를 오픈해야 한다. 벙커의 턱(가장자리)
이 높을수록 더 많이 클럽 페이스를 오픈해야 한다. 클럽 페이스는 목표
방향보다 오른쪽을 겨냥해야 하는데 이는 벙커샷 궤도가 보통 아웃 인이
되며 겨냥점보다 왼쪽으로 볼이 가기 때문이다.
벙커샷은 볼을 직접 치는 것이 아니라 반드시 볼 뒤의 모래를 치는 것
이다. 볼 뒤 2~3cm 지점의 모래를 바라보면서 친다.

볼을 보며 스윙하면 십중팔구 볼부터 치게 되어 홈런이 되기 십상이다.
에그 플라이 경우는 페이스를 닫고 볼 뒤 모래를 강하게 찍어 주면 된
다. 볼 뒤의 모래를 냅다 찍어야 하는데 김용만은 지금도 볼을 직접 까
서 홈런을 친다.(지가 이승엽이냐고…….)
벙커샷은 자기 나름대로의 샷 감(感)이 없으면 공포의 샷이 되지만, 나
름대로의 감이 구축돼 있으면 아주 쉬운 샷이다.

결론적으로 모래를 파고들며 스탠스를 단단히 구축한 뒤 페이스를 오
픈한 채 볼 뒤 2~3cm 지점의 모래를 바라보면서 치면 그것으로 오케
이다. 거리는 그 볼 뒤의 모래를 핀까지 뿌려 준다고 생각하며 스윙의
강약을 조절하는 것도 방법이다.

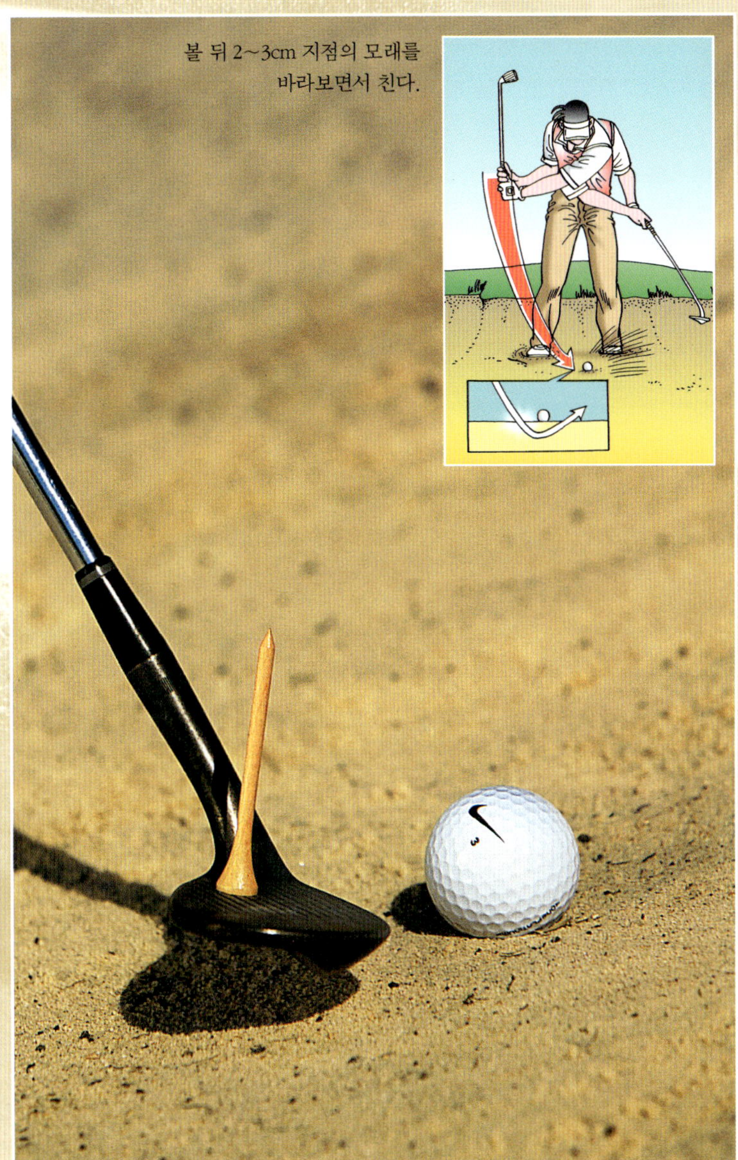

공이 모래에 묻히지는 않았지만 벙커의 가장자리에 붙어 있다면 클럽을 넓게 오픈해서
높은 각도로 띄워야 한다.

트러블 샷 해결하기

공이 발보다 높을 경우

몸을 너무 숙이지 말아야 한다. 너무 숙이면 뒤땅이 나올 수 있다. 클럽을 약간 짧게 잡고 핀 오른쪽을 겨냥하고 스윙은 2/3 정도만 해 준다. 스탠스는 반드시 좁혀 주어야 하는데, 그 이유는 쓸데없는 체중 이동을 방지할 수 있기 때문이다.

공이 발보다 낮을 경우

몸을 낮추려고 몸을 지나치게 숙이면 뒤땅이 나올 수 있다. 클럽을 약간 길게 잡고 핀 왼쪽을 겨냥해서 치는데 역시 2/3 정도만 스윙한다. 넉넉한 클럽을 이용하여 풀 스윙을 하지 말 것을 권한다.

러프에 빠졌을 경우

길고, 젖고, 풍성하게 우거진 잔디 또한 골퍼를 당황시키는 요소다. 공이 잔디 깊숙이 빠져 있을 때는 공을 깨끗하게 타격하는 것만 생각한다. 백스윙을 할 때 클럽을 가파르게 들어올리고 손목을 많이 꺾어 주면 가파른 타격을 할 수 있다. 그런 뒤에 공 뒤쪽을 내리찍으면 되는데, 이때 클럽 페이스는 약간 열어 두어야 한다.

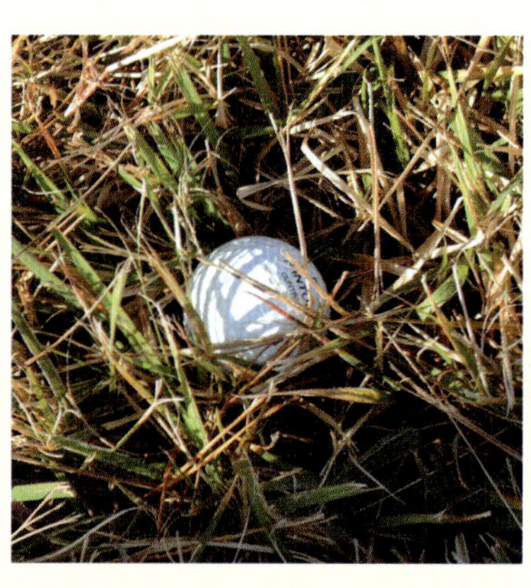

골퍼를 긴장시키는 러프. 페어웨이 벙커샷을 할 때처럼 처리한다.

공이 발보다 높을 경우에는
클럽을 약간 짧게 잡고
핀 오른쪽을 겨냥하고 스윙은
2/3 정도만 해 준다.
사진 최여진 프로

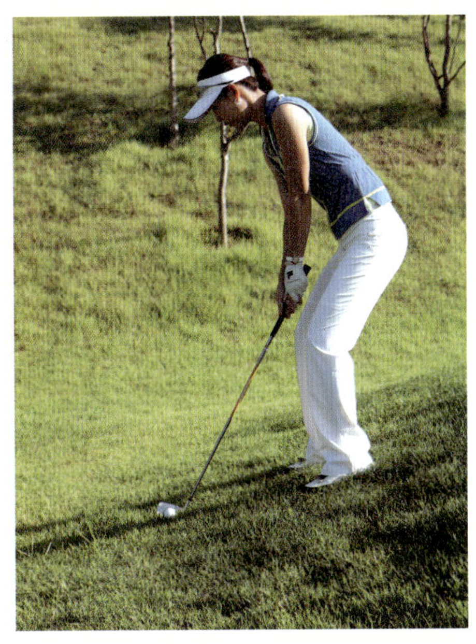

공이 발보다 낮을 경우에는
클럽을 약간 길게 잡고
핀 왼쪽을 겨냥해서 치는데
역시 2/3 정도만 스윙한다.
사진 최여진 프로

클럽을 바꾸다

그날 이후로 국진 형은 나를 자주 만났다. 형도 아주 신났다.

하루는 연습을 하는데

"야, 이 채로 한번 쳐 봐." 하는 거다.

켈러웨이 아이언이다.

공을 열 개쯤 치는 걸 가만히 서서 보던 국진 형이 난데없는 말을 한다.

"야~ 이거 너한테 맞는 챈데? 너 가져라."

하면서 가방을 통째로 준다. 얼떨떨해 멀뚱히 쳐다보았다.

"채라는 것이 다 임자가 있는데 너하고 맞는 채야. 샤프트의 강도나 길이, 그리고 헤드가 좀 만만하게 생겼으니 네 스윙에 딱 맞아."

"이거 나 주면 형은 뭐로 쳐?"

"응, 나는 채를 다시 피팅해서 쳐."

그날 나를 부른 이유는 그 클럽 세트를 주려는 것이었다.

너무 잘 맞는다. 맘에 들었다. 배도 불렀다. 갑자기 부자가 된 듯했다.

나는 클럽을 비눗물로 깨끗이 닦았다. 완전히 새것이 되었다.

그라파이트가 아니고 스틸이었는데 서서히 채를 들어 올려 보니 샤프트에서 번쩍 윤이 난다. 영화에서 보면 장군이 칼을 스윽 들어 올리면 칼날을 따라 번쩍 광이 나듯 샤프트에서 섬광처럼 번쩍번쩍 빛이 난다.

연습장 4층에서 그 채를 들고 떡 하니 서 있으니 마치 골프 장군이라도 된 것 같았다. 전쟁터에서 승리한 장군이 바람을 가르고 옷깃을 날리며 멋있게 서 있는 한 컷 만화의 주인공이 된 것처럼 내 자신이 멋있게 느껴졌다.

국진 형이 너무 고마웠다.

나도 처음 샀던 그 채를 후배에게 주었다.

골프를 하면 돈이 많이 든다고 알았는데 주변 선배들의 도움으로 지출이 별로 크지 않았다.

나는 그 채로 정말 열심히 연습을 했다.

벙커 탈출 연습을 하기 위해 퍼블릭 골프장에 가서 하루 종일 벙커 샷만 하고 온 날도 많았고, 러프, 내리막 오르막에서 치는 것만 연습한 날도 있었다.

연습을 하면서 생각했다.

똑바로 페어웨이로 치면 이런 고생을 안 하는데 난 반대로 아예 그것만 연습하고 있으니 참으로 아이러니했다.

난 그 채로 국진 형과 여러 번의 라운드로 밥 내기를 해 밥도 여러 번 얻어먹었다. ㅋ

국진 형은 그 누구랑 라운드를 해도 핸디를 참 넉넉하게 준다. 그놈의 매너와 예의가 뭔지 너~무 바르다.

보통 내기 골프를 하게 되면 핸디를 주고받는데, 평균 핸디를 알아보고 10타 차이가 나면 대개는 60%, 즉 6타를 핸디로 준다. 그런데 김국진은 120%나 140%를 준다.

타수로 치면 12타에서 14타를 주니 누가 김국진과 골프를 치고 싶어 하지 않겠는가?

처음에는 핸디를 200%를 받고도 실력과 심리에 밀려 나도 밥을 여러 번 샀다. 하지만 회가 거듭될수록 내가 이기는 경우가 많았고, 아마도 밥은 내가 더 많이 얻어먹은 것 같다. 결국 국진 형은 나에게 단순한 채가 아닌 무기를 준 셈이다.

나는 그 채로 3개월 뒤 개그맨 김용만과의 라운드에서 90타를 쳤다. 그러니까 채를 잡고 6개월 만에 90타를 친 것이다. 일취월장이다.

90타 스코어 카드를 국진 형에게 보여 줬더니 내용이 좋다며 더 기뻐한다. 나에겐 친형 같은 사람이다. 늙어 죽을 때까지 나랑 골프 치고 싶단다.

골프 클럽 선택하는 방법

지금 막 입문하거나 1년 미만 된 골퍼라면 일단 클럽을 사기보다는 얻어 쓰거나 자기 스윙이 완전히 완성될 때까지 클럽 탓하지 말기.
프로들이나 싱글들은 보통 전문 숍에서 자기 스윙에 맞는 채를 고르기 위해 피팅을 한다.

표영호의 경험 Tips

가장 좋은 채를 고르는 방법은?

1. 90~100타

어드레스를 하고 클럽 헤드를 봤을 때 잘 맞을 것 같은 자신감이 생기는 클럽이면 된다.

2. 80~90타

자신의 스윙 속도에 비교하여 샤프트의 강도와 클럽 헤드의 생김새를 고려하면 좋은 클럽을 선택할 수 있다.

3. 싱글 골퍼

좀 더 과학적으로 몸에 맞게 피팅하는 것이 좋다.

밥이 되어 돌아다니다

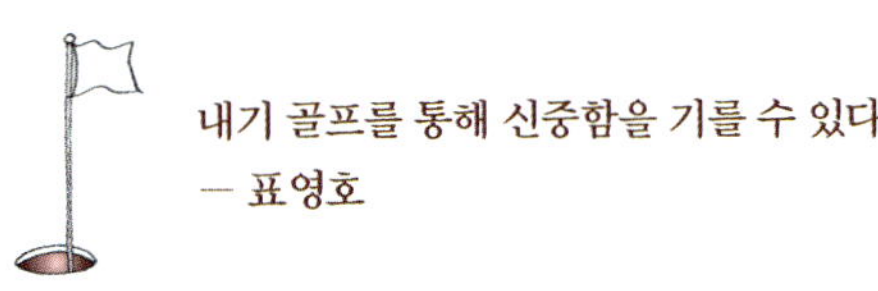

나의 골프 소식은 지인들에게는 일종의 재미나는 뉴스였다.

여기저기서 전화가 걸려온다.

"야, 너 골프 친다며? 한번 나가자?" 부터 시작해 "한판 붙자." 까지 아주 많은 분들에게서 전화가 걸려 왔다.

선배 중에 개그맨 장용 씨가 있다. 그 당시 완 벽한 보기 플레이어였고, 거리가 길지 않은 골프장에선 가끔 80대 초반도 치던 골퍼다.

나는 엄청 내기를 좋아했다. 장용 선배에게 수없이 졌다.

사실 골프를 치면서 이런 저런 내기를 해 본 사람이 몇이나 있겠는가?

아버지랑 맞고를 쳐도 돈 내기 아니면 재미없다는 말도 있지 않은가?

밥내기는 기본이요. 캐디피 내기, 술 사 주기, 심부름 해 주기,

이성 소개시켜
주기, 돈 내기
등등 많은 내기
가 있다.

　거의 1년을 장용
선배에게 끌려다녔다.
　어디 그 선배뿐이
랴. 고교 동창 녀석
들, 골프를 나보다 먼
저 시작한 발리스포츠센터의 후배 박준수 사장, 내 인생에 가장
드라마틱한 친구인 개그맨 김용만, 연습장에서 만나 알게 된 사
람들. 그야말로 한둘이 아니었다.

　이들 중 가장 재미있는 골퍼는 발리스포츠 센터의 박준수 사
장이었다. 그는 미국 유학 시절에 골프를 쳐 핸디가 0부터 110개
를 수시로 넘나드는 골 때리는 핸디를 갖고 있었고, 잘 맞는 날
은 싱글 핸디요, 안 맞는 날이면 그냥 100타를 넘었다. 그래서
그는 그 누구와도 핸디를 주고받지 않는다. (보통 내 주변에 미국
이나 캐나다, 호주 같은 데서 유학 시절 골프를 친 골퍼들은 핸디가 이
모양이다. 왜? 싸고 편하게 대충 쳐 버릇해서 그럴 것이다, 생각한다.)

　그렇게 1년을, 이른바 개 끌고 가듯 지인들은 나를 밥 삼아 끌
고 다녔다. 이른바 '열린 지갑'이란 애칭도 있었고, '동네 밥'이
란 소리까지 들었으며, '영호 지갑은 먼저 보는 놈이 임자'라는

억울하고 원통한 별명까지 얻었다.

환장하는 줄 알았다. 질 걸(?!) 뻔히 알면서도 캐디피 내기를 해서 지고, 진다는 게 명확한데도 술 내기 해서 지고, 친구들과 당구 게임비 내기 할 때 이른바 다마 수가 안 되는데도 오늘 따라 안 맞네 하면서 계속 덤비는 것과 같은 이치다.

나는 그때만 해도 내가 볼을 잘 치는 줄 알았고, 작은 실수만 하지 않는다면 이길 수 있다고 늘 생각했다.

그러나 그것은 나의 무식함에서 나오는 일종의 자기 만족의 최면이었음을 나중에서야 알게 되었다. 엄밀히 말하면, 계란으로 바위 치기요, 다윗과 골리앗의 팔씨름이었다. 더 혹독하게 말하면 강호동과 유재석의 씨름 한판인 것이다.

이른바 90타에서 110타를 넘나드는 멀티 핸디를 갖게 되면서 골프가 너무 재미없었다. 아니 열 받았다.

특히 김용만에게 지고 가는 날이면 더 속상했다. 저녀석보다 나은 게 하나도 없다는 생각에 속이 쓰렸다.

인기도 나보다 많아, 성격도 나보다 좋아, 골프도 나보다 잘 쳐. 아무리 친한 사이라 해도 용만이보다 잘하는 게 하나라도 있어야 도움이 되는 사이가 되는데 이것마저 안 되나 싶으니 화가 났다. 그것도 실력이 뛰어난 녀석이라야 지는 걸 인정할 텐데 형편없는 실력에 나는 더 형편없는 실력이라 속상하기 그지없었다. 심지어 모 프로그램에서 김용만과 내가 출연하여 골프를 친 적도 있었는데, 그때 파5를 15타 만에 둘 다 홀 아웃을 한 적이 있었다.

대충 둘 다 100돌이들이었다. 그 방송을 본 많은 지인들이 용만과 나를 최고의(?) 동반자로 생각해 초대를 많이 해 정말 바빴다.

나는 그렇게 골프를 시작하고 1년을 동네 밥으로 살았다.

10타를 줄여 준 김미현 선수의 말 한마디

골프가 맘대로 되지 않아 골프를 접었다. 시작한 지 1년 만의 일이다.

연습도 하지 않았다. 그저 먼 나라의 얘기인 양 라운드를 가자는 전화가 와도 시간이 없다며 거절하기 일쑤였다.

잘난 척 길을 걸어가다가 아무것도 보이지 않는 통유리에 부딪혀 본 적이 있는가? 누군가 멀리서 보면 혼자서 잘만 가다가 갑자기 푹 쓰러지는지 이상하게만 여겨질 것이다.

그러니 본인은 얼마나 황당하겠는가? 꼭 내 모습이 그랬다. 골프를 열심히 치겠다고 덤벼들고 자신 있어 하다가 남들 모르는 혼자의 벽을 만나 바로 쓰러진 격이었다.

웃을 일이고, 참 없어 보이는 일이지만 난 골프를 접었다. 국진 형도 내가 골프를 접었다니까 웃는다. 아마도 골프가 그리 쉬운 줄 알았냐는 식의 웃음이 아니었을까 싶다. 당신도 프로 테스트에 한두 번 낙방의 물을 먹었을 때였다.

골프는 뚜껑 열리게 하는 운동이었다.

골프를 접은 가장 중요한 요인은 골프가 늘지 않는다는 것이었다. 움직이는 공도 아니고 가만히 바보처럼 고개 푸욱 숙이고 있는 공을 내 맘대로 다루지 못하는데 이게 뭔가? 한계를 느꼈다고나 할까? 필드를 나가면 망신당하고 오는 신세의 종지부랄까?

골프? 조그만 공을 쳐서 정해진 홀(?)에 집어넣는 아주 단순한 운동이요, 그 단순한 게임의 룰이 열여덟 번 반복된다니 한심하기 짝이 없는 운동이었다. 그래서 홀도 18홀. 그래서 우리 욕으로 C8 홀이라 생각했다.

그러던 어느 날 미LPGA에서 우승을 하고 돌아온 슈퍼 땅콩 김미현 선수와 프로그램을 같이 출연한 적이 있었다.

"피칭 샷은 어떻게 하는 거예요? 4번, 5번 아이언은 발 왼쪽에 공을 놓고 7, 8, 9번 내려갈수록 오른쪽에 두라는데 맞나요? 그럼 피칭은 오른쪽 발에 두고 쳐야 되는 거죠?"

이 보편타당한 질문에 대한 김미현 선수의 대답이 핸디를 10타를 줄여 주었고 내 골프 생활을 바꿔 놓았다.

"그냥 모든 채를 칠 때 공을 중앙에 놓으세요."

쿠! 궁!!!!!! 충격이었다.

이럴 수가! 미국에 가서 세계를 제패한 작은 체구의 챔피언의 말이다.

믿을 수가 없었다. 지금 까지 알고 있었던 나의 상식을 깨는

말이었다. 롱 아이언일수록 왼발 쪽에 공을 놓고 숏 아이언으로
갈수록 오른발 쪽에 두라는 기존 골프 레슨의 상식을 깨는 말이
었다.

다시 연습을 하면서 실험을 해 봤다. 실수 확률이 줄었고. 공
의 낙하지점 폭이 줄었다. 고로 방향성이 좋아졌다.

다시 라운드를 해 봤을 때 나는 무릎을 쳤다. 평균 10타를 줄
인 것이다. 그야말로 진정한 보기 플레이어가 된 것이다.

어느 날 용만이가 나에게 묻는다.

"너 잘 친다. 레슨 받았어?"

입이 근질거려 참을 수 없어서 얘길 해 줬다. 모든 공을 몸의
중심에 놓고 업 다운이 있는 라이에서 볼을 칠 때면 연습 스윙을
하고 채가 떨어지는 최저점에 볼을 놓고 쳤다. 중심 이동 같은
건 염두에 두지도 않았다. 회전력을 빠르게 하고 백스윙을 줄이
니 볼이 너무도 잘 맞는다. 그동안 나는 그야말로 마구잡이로 휘
두르는 골퍼였던 것이다.

라운드를 하면 평균 85에서 90타 정도 치는 완벽한 보기 플레
이어로 변신해 있었다. 채를 잡고 1년 남짓한 일이었다. 슈퍼 땅
콩 김미현 선수의 원 포인트 말 한마디가 나를 안정된 플레이를
할 수 있는 골퍼로 바꿔 놓은 것이다. 역시 대단한 선수다.

안정된 플레이를 펼치다 보니 어떤 사람과 게임을 해도 지는
확률이 줄었고, 심지어는 30연승을 한 적도 있다. (각자 핸디대로
만 치면 절대 지질 않는다.)

타수 줄이는 피칭 샷 요령

모든 공을 몸의 중심에 놓는다

공을 몸의 중심에 놓고 업 다운이 있는 라이에서 볼을 칠 때면 연습 스윙을 하고 채가 떨어지는 최저점에 볼을 놓고 친다. 중심 이동 같은 건 염두에 두지 말라. 회전력을 빠르게 하고 백스윙을 줄이면 볼이 잘 맞는다.

디봇 자국을 확인하자

연습 스윙을 하면서 디봇 자국을 확인한다. 그곳에 공이 있으면 되는데, 숏 아이언은 길이가 짧다는 이유로 오른발 가까이 놓고, 롱 아이언은 채가 길다는 이유로 왼발에 가깝게 놓는 것이 일반적이나 사람마다 다소 차이가 있다. 오히려 채가 길어서 먼저 땅에 닿을 수 있어서 롱 아이언을 약간 오른발 쪽에 놓는 사람도 있다. 그 개념을 깨야 한다. 연습 스윙을 했을 때 디봇이 생기는 위치 그곳에 공이 있으면 된다.

항우는 유방을 이기지 못한다

중국의 《초한지》에 보면 힘센 항우 장사가 나온다. 그의 기개는 천하를 벌벌 떨게 만들만큼 대단한 것이오, 천하는 그를 황재가 될 것이라 했다.

그러나 그에 반해 보잘것없는 힘과 용맹도 없는 유방이 있어 사람들은 그가 왕족임에도 불구하고 바보 취급을 했다.

하루는 항우가 유방에게 자신의 가랑이 사이로 빠져 나가면 살려 준다 하여 유방이 많은 사람들 앞에서 항우의 가랑이 사이로 지나가 목숨을 얻은 적도 있었다.

그런데 천하를 제패한 건 항우가 아니라 유방이었다. 항우는 힘만 셌지 결국 지략과 전략에 있어서 유방을 이기지 못했다.

유방 옆에는 한신이라는 천하제일의 지략가가 있었다. 한신은 유방의 사람 됨됨이를 보고 그의 책사가 되기로 마음먹고 유방에게로 갔던 것이다. 만약 한신이 항우에게로 넘어갔다면 아마도 천하는 항우가 쥐었을지도 모르는 일이다.

골프도 마찬가지라고 본다. 세계적인 장타자 미PGA 선수 존 델리가 생각보다 우승을 많이 하지 못한다. 존 델리는 어쩌면 항우일지도 모른다.

거리가 많이 난다고 자랑하는 분 중에 장 사장이란 분이 있다. 그는 7번 아이언으로 170m를 친다. 거리로만 본다면 거의 타이거 우즈 수준이다. 보통의 남자들이 140~150m를 치는 것에 비하면 확실히 장타자다.

임팩트도 좋다. 물론 그 정도의 장타를 치려면 임팩트가 나빠서는 칠 수가 없겠지만 그는 상당히 볼을 깔 줄 알았다. 하지만 장 사장은 나와 게임을 하면 항상 진다.

왜? 예를 들면 약간의 도그렉 홀이고 220m만 치면 되는데 그는 있는 대로 조져 댄다. 캐리로 250m를 쳐 결국 그는 막창 OB 아니면 치기 어려운 곳에 볼이 떨어진다. 그러니 스코어 관리가 안 돼 결국 18홀이 끝나고 장갑 벗을 때 입이 튀어 나와서 뿌루퉁해져 항상 투덜댄다.

"분명히 내가 표영호보다 볼을 잘 치는데 스코어가 안 나온단 말이야."

'장타(長打)의 유혹을 이기면 명인(名人)이 된다' 는 보비 로크 말처럼 장타가 그다지 중요한 건 아닌 것이다.

330m 파4홀이라고 가정했을 때 굳이 드라이버로 250미터를 칠 필요가 없다. 남은 거리 80m, 애매한 거리만 남을 뿐이다.

차라리 살살 달래서 쳐 200m만 보내도 8번 아이언이나 7번 아이언으로 가볍게 투 온이 된다.

거리 자랑하는 아마추어 중에 OB를 내지 않는 골퍼를 본 적이 없다.

장타자가 후려쳐서 승부를 보려면 파5홀에서 투 온이 가능할 때 해 보는 것은 실패를 하더라도 도전하는 맛이 있어서 해 볼 만하다. 스릴 있고 좋지 않은가? 잘 맞아 투 온이 되고 이글이라도 하게 된다면 그보다 짜릿한 골프가 또 있을까? 이글을 못 해도 붙여서 버디는 잡을 수 있다.

골프 18홀 라운드를 하면서 필드를 운영한다고 표현하는 경우가 있는데, 라운드 시작할 때 오늘 경기를 어떻게 운영하겠다는 작전이 필요하다.

표영호의 경험 Tips

있는 힘껏 최상의 스윙을 해서 보낼 수 있는 거리를 보내기보다 편안하게 70%의 힘으로 꾸준하게 보낼 수가 있어야 한다. 백스윙을 줄이고 임팩트 후에 팔로우 스로우를 가고자 하는 방향으로 해 준다면 스코어가 적어도 5타에서 10타는 줄 것이다.

탤런트 변우민 형은 최고의 잔머리 골퍼

상급의 골퍼일수록 자기의 컨디션 체크가 더
빠르다.
— KLPGA 최여진 프로

18홀을 라운드하는 데 가장 중요한 것이 코스 매니지먼트
(Couurse Management)라고 생각한다.

어디로 볼을 보내서 어떻게 그린을 공략하겠다는 이미지를
머릿속에 그릴 줄 알아야 한다. 내가 가장 자신 있는 아이언, 가
장 자신 있는 거리를 고려하고 오르막 내리막을 파악하고, 홀의
특성을 파악한 뒤 채를 고르고 스윙을 해야 한다.

그런 면에서 탤런트 변우민 형은 여우 같은 골퍼다. 자기 자신
을 너무 잘 안다. 평소 연습을 하지 않는 사람이라 필드에서 실전
을 치르면서 연습을 한다고 봐야 하는데, 그는 드라이버를 쳤다
하면 심한 슬라이스 아니면 훅이다. 첫 홀에서 자기 구질을 파악
한 뒤 18홀 내내 그 자세 그 방향을 설정하고 볼을 친다. 드라이
버로 친 공은 정말 가관도 아니다. 공중으로 붕 떠서 옆의 홀로
넘어갔다가 다시 슬라이스가 나면서 페어웨이에 기가 막히게 안

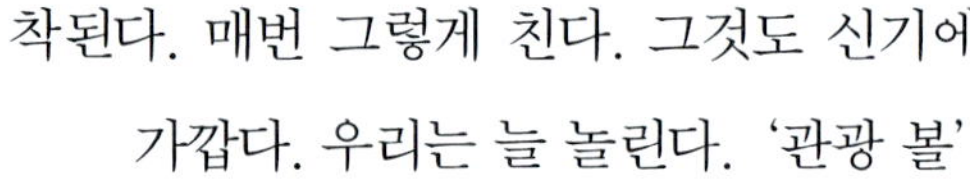

착된다. 매번 그렇게 친다. 그것도 신기에 가깝다. 우리는 늘 놀린다. '관광 볼'이라고, 땅 보러 왔냐고.

변우민은 자기 자신의 스윙을 알고 그렇게 치면서도 자기 핸디로 스코어를 지킬 줄 아는 아주 똑똑한 골퍼다. 그렇게 개떡 같은 구질을 갖고 있는데 타수는 평균 82~86을 치는 수준급 골퍼다.

미치고 환장할 노릇이다.

특히 첫 홀에서의 그의 구질과 폼을 보면 동반자들이 마음이 편해진다. 그러나 홀이 지날수록 언짢아지기 시작한다. 왜? 호구로 봤는데 스코어는 악착같이 파를 즐겨 하기 때문이다.

전쟁터 최고의 책사 한신처럼 작전이 필요하듯, 필드에서도 변우민처럼 머리가 필요하다. 그리고 유방처럼 온화해야 한다. 성질이 못되면 자기 스스로 무너져 결국 라운드를 망치게 된다.

단, 변우민과 볼을 치진 말자. 스윙 버리니까. ㅋㅋ

표영호의 경험 Tips

자기의 구질을 잘 파악한다면 어떻게 쳐도 상관없다. 그 구질대로 꾸준한 샷만 할 수 있다면 문제가 없으나 들쭉날쭉한 방향이 고민이라면 한 가지 스윙을 몸에 익혀 기억시켜 둘 필요가 있다.

코스 공략법

일정한 거리와 방향성 만드는 방법

아이언은 거리가 아니라 '방향'의 클럽이다. 거리는 클럽별로 이미 정해져 있으니 만큼 얼마나 핀에 붙이냐 하는 방향성이 생명이다.

아이언샷의 방향성을 확보하기 위해서는 무엇보다 몸의 축을 고정하는 것이 중요하다. 스윙 도중 몸의 축이 움직인다면 스윙 궤도에 영향을 미치기 때문에 원하는 곳으로 볼을 보낼 수 없다.

방향성 제고를 위해서는 스윙 내내 머리의 정수리 부분부터 꼬리뼈까지 고정된 상태를 상상한다. 스윙 흐름에 따라 몸은 움직이되 스윙 축은 그대로 고정되어 있는 상태인 것이다. 다시 말하면, 임팩트 존에서 몸이 정면을 바라보고 있는 이미지로 스윙하는 것이다.

정확한 방향을 위한 핵심 자세는 임팩트 존이다. 오른팔이 겨드랑이에 붙어 내려오는 것이다. 오른팔이 몸에 붙어 내려와야 항상 일정한 '인 아웃'의 다운스윙 궤도가 구축된다. 오른팔이 겨드랑이에 붙어 내려오지 않고 팔로만 치면 팔부터 앞으로 나오며 '아웃 인' 스윙이 되어 방향성이 어긋난다.

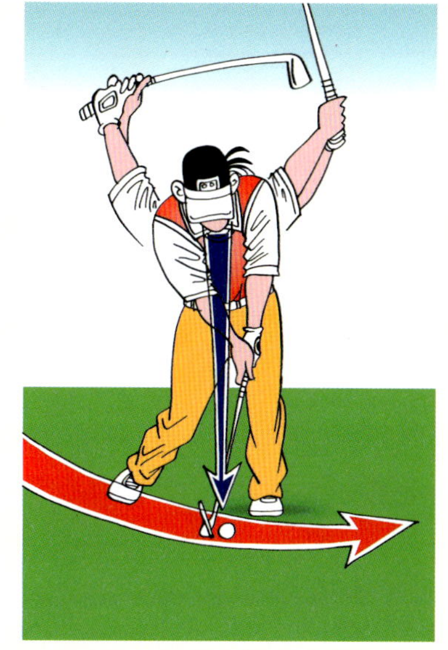

아이언샷의 방향성을 확보하기 위해서는
몸의 축을 고정하는 것이
가장 중요하다.

심판 없는 스포츠, 골프

현대 우리가 알고 있는 모든 스포츠는 심판이 있다. 그러나 골프는 없다. 서로가 서로의 스코어를 적어 가며 라운드를 한다.

내 스스로가 선수이자 심판이다. '하찮은 스코어 때문에 인격을 부정당하지 말라.'는 골프 격언도 있듯이 심판 없는 스포츠를 즐기려면 룰을 지켜야 하며, 룰을 지킨다는 것은 공을 치는 일보다 더 중요하다.

하루는 후배랑 라운드를 도는데 공이 그린 옆 해저드 말뚝을 지나 물에 빠지기 직전이었다. 그곳이 발을 헛디디면 떨어져 물에 빠질 수도 있는 위험한 지역이라 벌타를 한 타 먹고 공을 그린 옆에 드롭을 하고 치라고 했더니 화를 내면서 칠 수 있는데 왜 벌타를 먹고 드롭하라고 하냐면서 굳이 내려가 친단다. 내딴엔 배려였는데 녀석은 '벌타'라는 말에 화가 났나 보다. 어차피 해저드 말뚝을 지나갔고, 치기 위해서는 상당한 신체적 위험을 감수해야 하고 다칠 위험도 배제할 수 없는데, 그리고 내려가서 쳐 봐야 공을 그린에 안착시킬 수도 없는 상황이었다. 녀석은 악착같이 내려가서 치는 어이없는 일을 감행했고, 공은 드롭하라고 알려 준 장소보다 형편없는 곳으로 날아갔다.

다른 동반자들도 말리지 않았다.

그 후배는 나중에 두고두고 그 얘길 딴 데 가서 했다. 서운했나 보다.

그러나 그것은 심판도 없는 상황에 룰도 모르는 비기너의 무지한 오기다. 그런 무식함은 아무래도 박세리 선수의 멋진 해저드 샷의 영향이 있는 듯했다. 그런데 그것은 세계적으로 톱클래스의 기량을 가지고 있는 선수의 경우다. 또한 박세리 선수가 양말을 벗고 물에 들어가 치긴 했지만 신체적으로 위험하지 않은 해저드였다. 나는 은근히 화가 났지만 나중에 룰을 알고 그것이 얼마나 위험했는지를 알게 되면 그러지 않으리라 믿는다.

심판이 없는 상황에 오해의 소지가 생기면 반드시 룰대로 하면 된다.

김용만과 나는 항상 그 룰대로 쳤기 때문에 룰을 지키지 않는 사람과 라운드를 하면 불쾌하고 불편해진다. 다시는 저 사람과 치지 말자고 눈빛을 주고받는다. 골프장에서 자기 자신에게 엄격한 사람이 좋다.

한번은 유명한 방송 매니저 형과 라운드를 갔다. 잘 치는 골퍼임에도 불구하고 OB가 나거나 해저드에 빠져도 그린 옆에다 드롭을 한다.

이번엔 오른쪽이 무지 가파른 경사가 져 각도가 45도 넘는 언덕 밑으로 공이 날아갔다. 너무 밑이라 쳐다볼 수도 없는 상황에 공 찾으러 간다며 뛰어가더니 공이 포물선을 그리며 페어웨이로 올라온다. 이내 나이스 샷~~ 소리를 내며 그 형이 낑낑 대며 올라오는 것이다.

"와~ 대단한데. 어려운 데서 잘 쳤는데?" 했다.

그런데 가만히 보니 그 형 손에는 채가 없었다. 그랬다. 그냥 손으로 집어 페어웨이로 던진 것이다. 푸하하!! 이럴 수가.

우린 그날 너무 웃겨서 잔디에 떼굴떼굴 굴렀다. 너무 웃겨서 용서하기로 하고 라운드를 하는데 이번엔 그 형의 공이 벙커에

들어갔다.

멀리서 보니 스윙은 하지 않고 발로 뭔가를 자꾸 쓸어 낸다. 우리 일행이 쫓아가서 봤더니 세상에나~ 발로 모래 티를 만들고 있었다. 모래의 밑 부분을 파니 모래 티가 되어 있었다.

역시 너무 웃겨서 또 봐 주기로 했다. 암튼 그날 이후 그 형을 골프장에서 봤다는 사람은 아무도 없었다.

 **표영호의 경험 Tips**

벙커에서 주의할 점

공을 치기 전에 모래에 닿아서는 안 된다.

자신의 공을 치기에 앞서 다른 선수를 위해 모래를 긁어모으거나 자신의 백스윙을 하는 경우 모두 포함된다.

공을 칠 준비를 할 때 클럽은 모래에 내려놓지 않도록 한다.

여기서의 실수는 스트로크 플레이에서는 2벌타를 얻고, 매치 플레이에서는 홀에서 패하게 된다.

말뚝 색깔에 따른 규칙

워터 해저드
캐주얼 워터

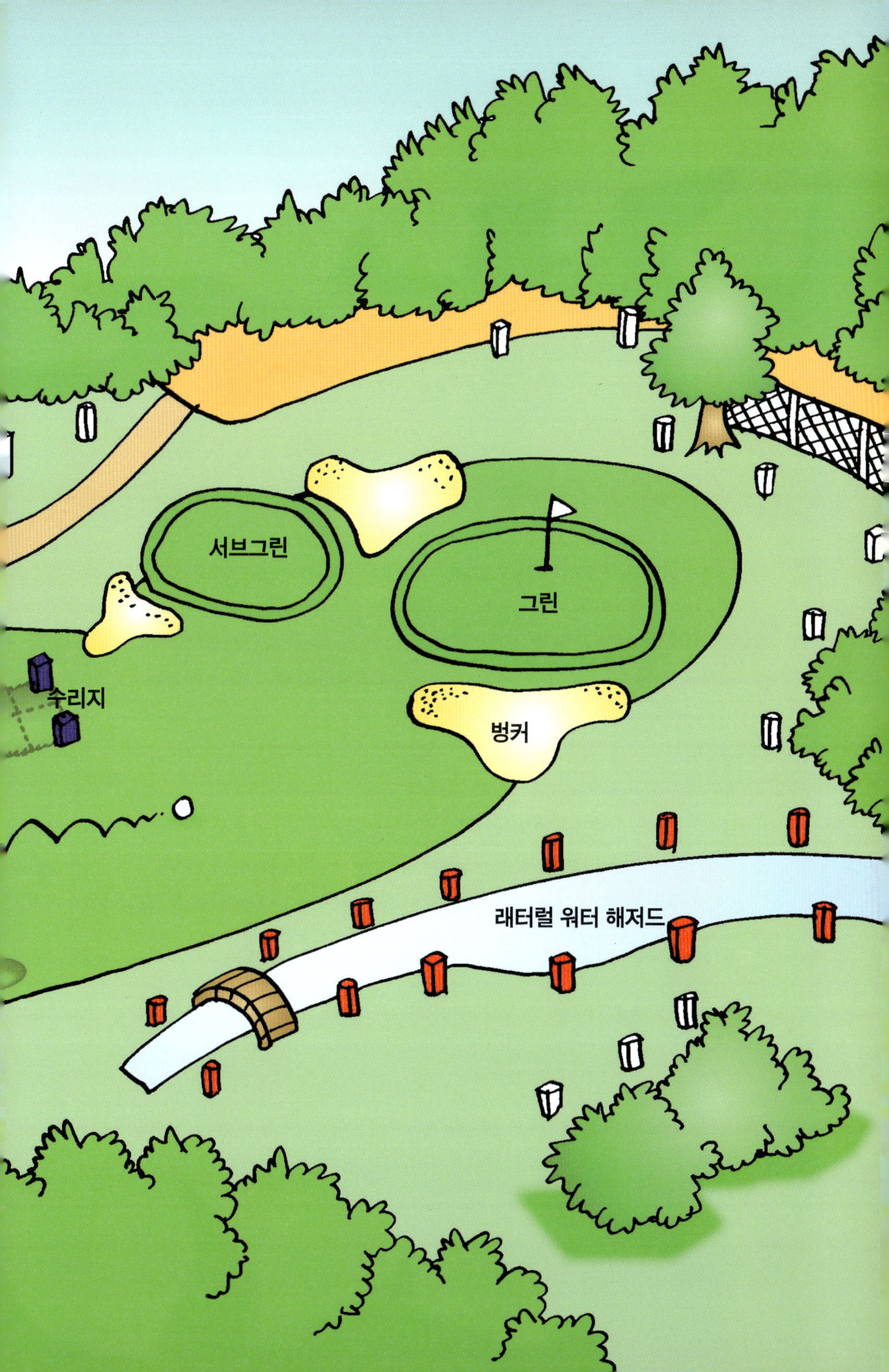

서브그린
그린
수리지
벙커
래터럴 워터 해저드

말뚝 색깔에 따른 규칙

수리지

골프장에서 흰색 페인트 등으로 잔디가 상해 있거나 코스 관리하는 의 손실 방해 지점에서 가장 가까운 구제 지점의 1클럽 이내에서 드롭한다. 페널티는 없다.

캐주얼 워터

코스 내에 일시적으로 생긴 물웅덩이. 이것은 공이 놓인 지점이나 스탠스를 할 곳은 분명히 눈에 보이는 물이 손상시키는 것으로, 페널티 없이 구제가 가능하다. 그 상황을 피하는 가장 가까운 지점을 정한 다음 그 지점에서 1클럽의 범위 내에서 드롭한다. 벙커에 있을 경우, 그 상황을 피하는 가장 가까운 지점을 선택하거나 벙커 밖에서 드롭할 수 있는데, 이 경우 1벌타를 초래한다.

워터 해저드(노란 말뚝)

공이 여전히 플레이어블(물이 마른 수로)이라면 패널티를 받지 않지만 해저드에 클럽을 땅 위에 놓으면 안 된다. 언플레이어블이면 해저드 뒤쪽 어디에서든 공을 드롭하는데 자신과 홀 사이에서 공이 해저드를 마지막으로 건넌 지점을 유지해야 한다. 1벌타.

워터 해저드(빨간 말뚝)

이것은 플레이 방향 쪽으로 흐르는 래터럴 워터 해저드(코스에 설치한 개울이나 연못 등의 장해물로, 공을 드롭하기 불가능한 위치의 워터 해저드 또는 그 일부)이다. 선수들은 해저드에 클럽을 내려놓지 않고 공을 칠 수 있다. 그렇지 않으면 자신의 채점자와 공이 들어간 라인을 협의

해 해저드의 2클럽 길이 이내에서 드롭을 한다.

※1벌타의 페널티, 해저드의 반대편에서 드롭하는 방법도 있다. 두 경우 모두 홀에서 가까지 않은 지점에서 드롭해야 한다.

드롭하는 방법

1. 똑바로 선다.

2. 공은 어깨 높이에서 팔을 뻗어 든다.

3. 홀 가까운 지점에서 공을 드롭하지 않는다.

4. 공이 지정된 지역 외에 떨어졌을 경우 재드롭해야 한다. 두 번째도 같은 상황일 경우에도 공은 두 번째 시도에서 코스에 떨어졌던 지점 가까이에 두어야 한다.

※페널티 없는 드롭(프리 드롭)은 1클럽 길이 내에서 이루어지고 1벌타가 있는 드롭 즉 해저드에 들어간 후 등은 2클럽 길이 이내에서 이루어져야 한다.

똥꼬 좀 찌르지 마세요

그린에 올라가면 자기 공의 뒷부분을 마크하고 공을 들게 돼 있다.

마크는 보통 공 뒷부분의 1cm가 적당한데 아주 치사 쪼잔 대마왕 골퍼들이 공 뒷부분에 바짝 마크를 하고 다시 공을 놓을 땐 좀 더 멀리 5cm 정도쯤 공을 놓는다. 이런 행동이 먼 거리 퍼팅에서는 별 효과도 없겠거니와 동반자도 별 신경 쓰지 않는다. 그러나 1.5m 쯤의 거리에서는 좀 예민해진다.

볼에 마크를 할 때는 공 밑 부분에 깊숙하게 하고(이것을 보통 '똥꼬 찌르기'라고 한다) 놓을 땐 좀 멀리 놓는 것을 몇 번 반복하면 어느새 컨시드 거리에 다다르면서 홀인하기가 좀 더 수월해지는데 이런 방법은 아마추어에게는 통하지만 프로의 세계에서는 어림 반 푼어치도 없는 일이다. ㅋㅋ

또 한 번은 라운드를 도는데 그린 근처에만 가면 그린에 먼저 헐레벌떡 올라가면서 자기 공을 마크하는 사람들이 있다.

보통 5m 정도에 붙였다면 공을 집어 들면서 마크를 홀 가까이 툭 집어던져 약 3m 정도 남겨두는 이도 있다. 일명 마크 던지기의 고수들인 것이다.

이건 뭐 보통 기술이 아니다. 예전에 동전 던지기 고수들은 알 만한 내용인데 어떤 고수는 마크를 2m 앞에 던지고 난 뒤 공을 집어들면 뒤늦게 그린에 올라오는 사람은 보질 못했으니 그런가 보다 하고 그냥 넘어간다. 또 어떤 고수는 공을 집음과 동시에 마크를 던지는데 그들의 습관은 어느새 기술이 돼 있고 그 기술은 신기에 가깝게 빠르고 정확하다.

영화 같은 데서 보면 화투 치는 장면에서 밑장 빼는 기술보다 화려한 것 같다. 켁.

아마추어의 라운드는 네 명이 동시에 온 그린 시키는 일이 드물기에 가능한 일이지만 이런 동반자를 보면 대부분이 허울뿐인 싱글들이 꽤 있다.

언젠가 싱글 골퍼라면서 나에게 내기를 걸어 온 사람이 있었는데 볼을 정말 잘 쳤다. 나무랄 데가 없는 스윙하며

코스 매니지먼트가 훌륭한 골퍼였는데 그린에 올라가면 몹쓸
병이 있는 것을 발견했다. 버디도 서너 홀 잡았는데 그 버디 홀
에서 똥꼬 찌르기를 하고 볼을 다시 놓을 땐 손목에서 공을 놓는
지점인 10cm 앞에 놓고 신중한 척 다시 하기를 두어 번 하는 버
릇이 있었다. 아마도 퍼팅 전에 그것을 짚어 줬다면 그는 버디를
못 잡을 수도 있었을 것이다.

그날의 라운드는 내가 졌고 라운드 후 나는 벌칙으로 비싼 소
고기를 샀다. 물론 식사 자리에서 그걸 짚었더니 자기도 모르는
습관이라며 홀인의 욕심이 나서 생긴 습관이니 봐달라며 자기
가 졌다고 결국 계산을 했다. ㅎㅎ.

골프는 규칙을 어기면 벌타가 주어지지만 매너를 어기면 욕
을 먹는다. 벌타보다 무서운 것이 욕먹고 사람 잃는 일이기에 조
심해야겠다.

김용만을 개 끌듯

나에게 있어서 김용만이란 이름은 특별한 의미가 있다.

먼저 죽으면 더 오래 사는 놈이 묻어 주기로 한 친구이기도 하지만, 늘 경쟁자이자 조력자이면서 어쩌면 멘토일 수도 있는 가장 친한 친구다.

그 친구가 화를 내는 모습을 25년 가까이 지내면서 한 번도 본 적이 없으며, 성격도 모난 데가 없어서 주변에서 정 맞을 일이 없는 평탄한 친구다.

방송이든 일상생활이든 골프든 항상 붙어 다녔다. 나의 전체 라운드 중 60%는 용만이와 함께했던 것 같다.

절친한 사이 네 명이 라운드를 하게 됐는데, 밥에, 술에, 시키는 대로 다하기 내기였다.

서울에서 가깝기로 유명한 뉴 코리아CC에서의 라운드다.

한동안 골프를 쳐서 용만이를 이긴 적이 없었는데 전세가 역

전됐다.

용만이가 놀랐나 보다.

첫 홀부터 파로 시작되는 골프 라운드의 맛을 보았다.

그동안은 보통 첫 홀에서 트리플 보기나 더블 보기로 시작해서 꼭 캐디에게 "첫 홀은 올 보기로 적어 줘요." 하는 경우가 많았다. 이것이 백돌이들의 행태다. "첫 홀은 올 파로 적어 주세요." 하는 경우는 보기 플레이어들의 행태인 것이다.

나는 그런 거 없이 온전한 첫 홀 파 출발이다.

아마추어들이 첫 홀 파 출발하려면 첫째 OB가 나면 안 된다.

그러나 대개의 아마추어들은 첫 티샷에서 대부분 OB나 러프로 공을 날린다.

이유는 간단하다.

시간에 쫓겨 겨우겨우 시간을 맞춰 클럽하우스에 도착하기 때문에 마음이 괜스레 급하고, 몸을 푼다는 게 고작 티샷 하기 전에 스윙 몇 번 하거나 캐디가 몸 풀어 줄 때 허리 몇 번 비틀고 치기 때문이다.

학교 다닐 때 선생님 말씀 안 듣고 공부 안 한 사람은 거기서도 캐디 말 안 듣고 그 순간에 딴 짓 한다. 그래서 라운드 때는 적어도 40분 전에 도착해서 옷 갈아입고 식사하고 10분 전에는 나가서 이것저것 체크하며 몸을 풀어야 한다.

될 수 있으면 1시간 정도 넉넉하게 도착하는 것이 좋겠다.

용만이와 나는 사실 그동안 여유롭게 도착한 적이 별로 없다.

동반자들이 첫 홀에서 기다리고 있거나 치고 나갔을 때 도착한 경우가 부지기수였다.

그동안 우리를 첫 홀에서 기다리며 욕했을 많은 동반자들에게 이 자리를 빌려 사과한다. 사랑하는 동생 한석이, 재석이, 탤런트 최란 누나, 이수상 사장, 국진 형 등등 죄송합니다.

출발이 좋았다. 용만이는 연신 놀라기만 한다.

치기만 하면 투 온이요, 공이 빨랫줄처럼 날아가니 라운드의 내용은 싱글 수준이다. 용만이가 나에게 패배를 인정했다.

그날 난 85타, 용만이는 95타를 쳤다.

라운드 후에 용만이는 사람들에게 이렇게 회고한다.

"그날 난 영호한테 개 끌려 다니듯 끌려 다녔다."

그날 이후 용만이는 한동안 날 이긴 적이 거의 없었고 내가 핸디를 주는 입장으로 바뀌었다.

용만이는 동반자로서 참 맛있는 밥이다.

매너 좋지, 룰을 철저하게 지키지, 연습 안 하지, 이보다 더 좋은 동반자가 어디 있겠는가?

오!~~~~~~~~~~~~~~~~~ 신이시여!

10여 년을 나의 제물로 살아 온 용만이를 굽어 살피셔서 앞으로도 국민MC라는 호칭으로 더 많은 인기를 주소서. 그래야 더 오래 끌고 다닐 수 있고, 용만이 지갑을 제 지갑 삼아 룰루랄라 할 수 있사옵니다. 아멘. 아미타불.

첫 홀 OB를 줄이는 방법

첫 홀에서 대개의 아마추어들이 OB를 내면서 스코어 관리가 처음부터 어긋나기 시작한다. 첫 홀 OB를 줄이는 방법이 있다. 간단하다. 첫 홀은 대부분이 몸이 풀리기 전이므로 드라이버를 잡고 어드레스를 할 때 그립을 약 3~5cm 내려 잡는다. 오버 스윙을 줄일 수 있어서 OB의 확률을 줄일 수 있다.

첫 홀의 경우 뒷팀 멤버가 보고 있기 때문에 자기도 모르게 거리를 욕심내는 경우가 있는데 그것은 금물이다. 단, 짧게 잡았다고 해서 치다 마는 경우가 있는데 그러지 말고 스윙은 풀로 해 줘야 한다.

라운드 전날 술을 마시면 볼이 잘 맞는다?

김용만과 틈만 나면 라운드를 하던 것이 어느덧 서로 바빠지면서 좀 뜸하게 됐다. 그러던 어느 날 오랜만에 김용만과 볼을 치기로 하고 용인에 있는 레이크 사이드에서 새벽 첫 팀으로 예약을 했다.

이상하게도 라운드 전날은 대부분의 골퍼들이 그렇듯 잠도 잘 오지 않고 꼭 중요한 술 약속이 생기는 경우가 종종 있다. 다른 약속이면 절대 새벽에 일어나 짐 싸서 나가는 일이 없을 텐데…….

다섯 시에 티업이라 일찍 잠자리에 들어 이리 뒹굴 저리 뒹굴 뒤척이는데 새벽 한 시에 난데없는 전화가 왔다. 김용만이다.

"안 자고 뭐해? 새벽 라운든데…….."

"아……, 수,,ㄹ,,이,,너무 취,,해서 아…….."

"뭔 술을 이렇게 많이 마신 거야?"

"미안,,한데……. 내가 그린피 다 물어낼 테니까 나 좀 봐줘라. 죽겠다."

"음……, 무슨 말인지는 알겠는데 그래도 일단 나오는 게 좋지 않겠니?……."

"너무 힘들다. 한 번만 봐줘라……."

"동반자들이 실망할 텐데……. 일단 와라……."

"그래, 알았어. 일단 갈게……."

깜놀이다.

지금까지 한 번도 이런 적도 없었고, 약속을 어긴 적이 없는 용만이가 술을 마시고 얼마나 괴로웠으면 라운드를 펑크 내려고 했을까…….

전화를 끊고 잠을 한숨도 못 잤다. 무슨 일이 생긴 걸까? 안 좋은 일이 있나? 평소에 술도 잘 못 마시는 녀석이 이 정도로 취했다는 건 분명 무슨 일이 있는 것 같아서 정말 걱정을 많이 했다.

다행히 녀석은 티업 시간 전에 나타났다. 술을 너무 많이 마셔서 죽는 줄 알았다면서 오늘 나온 게 신기하다면서 라운드가 시작됐다.

근데 평소에 치던 용만이의 샷이 아니었다. 파워는 없었지만 채가 공을 향하여 잘도 떨어진다.

첫 홀을 보기로 시작해서 둘째 셋째 홀도 보기를 기록하면서 네 번째 홀부터는 연속 파를 치면서 가는 게 아닌가? 술이 안 깨서 힘들다면서 잘도 치고 있었다.

"뭐야…….술 마신 거 샤킹이야?"(샤킹 : 포커 게임 같은데서 속
임수를 쓰는 것을 가리킨다.)

"모르겠어, 이상하게 잘 맞는다."

동반자 중에 양 사장이란 사람이 농을 던진다.

"원래 라운드 전날 술을 마시거나, 섹스를 하면 힘이 자동적
으로 빠지니까 잘 맞는 거야."

"그렇지 골프는 힘 빼는 게 제일 중요하지."

힘이 빠져서 그런가 정말 용만이는 볼을 잘 치고 나갔다.

술을 많이 마셔서 헤롱헤롱 댈 줄 알았는데 힘이 너무 빠져 무
너진 홀에서 더블 파를 한 것을 빼면 거의 완벽했다.

자기가 치고 날아간 공을 보면서 저 스스로 '오잘공'을 연속

술을 많이 마셔서 헤롱헤롱 댈 줄 알았는데 힘이 너무 빠져서 그런가 정말 용만이는
볼을 잘 치고 나갔다. 무너진 홀에서 더블 파를 한 것을 빼면 거의 완벽했다.

으로 외치며 간다.

나이스~~~~오잘공!!!!!

그야말로 취권 골프다. 근데 이상하게도 공의 구질은 참 좋다. 평소에 88~92를 치던 사람이 그날 82타로 홀 아웃을 했다.

라운드가 끝난 후 용만이는 인생에서 베스트 스코어를 냈다며 너무 좋아했고, 난 참 다행이다 생각했다. 왜냐하면 나오기 힘든 상황을 알면서도 나오라고 했는데 공까지 못 치고 몸만 힘들었다면 미안할 뻔했기 때문이다.

라운드 전날 술을 적당히 마시는 것도 좋을 것 같다는 생각을 했다. 매번 잘 맞지는 않겠지만 아마추어에게 효과는 꽤나 큰 것 같다. 그래서 라운드 전날 술 마시고 오는 사람들을 만만하게 보면 안 되겠다. 그렇다면 술을 전혀 못 마시는 사람들은 라운드 때 힘을 빼기 위해서는 라운드 전날 섹스를?…… 켁.

표영호의 경험 Tips

릴렉스의 중요성

힘 빼는 데만 몇 년이 걸리는 게 골프다. 몸의 근육을 풀어 주고 이완시키는 것이 중요한데 요즘은 첫 홀에서 티업 하기 전에 캐디와 함께 간단한 체조를 하는 곳이 많다. 그때라도 요령 피지 말고 따라하면서 몸과 마음을 이완시킬 필요가 있다.

아마추어는 퍼팅 연습을 하지 않는다

골프는 볼을 구멍에 넣는 게임이다. 골프백
속에서 볼을 구멍에 넣는 도구는 퍼터뿐이다.
그 퍼터 연습을 왜 처음부터 하지 않는가.
— 잭 버크

용만이와의 라운드는 늘 행복했고 재밌었다. 그러나 난 그날 이후 그날 라운드 내용을 더듬어 봤다. 분명히 투 온을 해도 쓰리 퍼트를 해서 보기를 하기 일쑤였고, OB를 내더라도 침착하게 잘 치면 더블 보기나 운 좋으면 보기로도 홀 아웃을 할 수 있는데 그렇지 못했다.

내 골프도 한국 축구처럼 문전 처리 미숙이었다.

위기 관리 능력이 없었고 조금만 집중을 하지 않으면 쉽게 몇 타를 더 쳤다.

우선 퍼팅을 제대로 배운 적이 없었던 것 같았다.

나는 퍼팅 연습을 하기로 하고 우선 큰 퍼팅 매트를 샀다. 아파트 베란다에 깔아 놓고 보니 완전히 그린 잔디였다.

빗물 빠지라고 뚫린 구멍 쪽으로 자연스럽게 라인도 생기고 반대로 치면 오르막이요 구멍 따라 치면 내리막 퍼트였다.

틈만 나면 베란다에서 살았다. 3m, 2m 퍼팅을 중점적으로 연습하기 시작했다. 왜냐하면 10m 이상의 퍼팅은 넣는다기보다 붙여야 한다. 붙여서 붙으면 넣어야 하는데 2m 정도가 가장 어려웠다. 넣으면 한 타를 줄이는 것이요, 못 넣으면 열 받지만 사실상 그린에서는 그리 녹녹치가 않다.

2m에 자신감이 생기면 1.5m, 1m는 너무 쉽게 느껴져 실제로도 과감하게 쳐서 잘 들어간다.

나는 베란다에서 하루 1시간을 퍼팅만 했다. CD로 1시간짜리로 음악을 다운받아 놓고 그 CD의 노래가 끝날 때까지 연습을 하는 것이다.

노래는 주로 노사연의 만남 같은 노래로 다운을 받았다. 왜냐하면 리듬이 퍼팅하기 좋은 리듬이었다.

"우리~ 만남은 우연이 아니야~" '우리~' 할 때 백스윙. 만남은~ 할 때 '만'에서 볼을 치고 '남은~'에서 팔로우 스윙을 하면 딱 좋았기 때문이다.

아이언 샷도 이 노래 템포로 치면 잘 맞는다. 그런데 어쩌면 애국가가 더 좋을 때도 있다.

'동해물과 백두산이 마르고 닳도록~'에서 '동해~' 할 때 백스윙, '물과~'에서 힘차게 다운스윙을 하면 기가 막히게 맞는다.

공부를 이렇게 했다면 서울대를 갔을 것이다. 푸하핫.

그린에서 퍼팅을 할 때 먼저 해야 할 것 가운데 하나가 퍼팅 라인을 눈으로 그려 보는 일이다. '볼이 어떻게 굴러가서 어떻게 멈출 것이다' 를 상상하는 것이다.

퍼팅은 방향과 거리가 가장 중요하다.

치고자 하는 방향으로 제대로 어드레스할 줄도 알아야 하고, 그 다음은 스트로크다. 퍼터를 똑바로 뒤로 뺐다가 똑바로 팔로우 스윙을 할 줄 알아야 공이 원하는 곳으로 간다.

108mm의 홀컵을 향해서 공이 굴러가야 하고 그 안으로 홀인하려면 얼마나 정교해야 하겠는가?

공이 라인 따라 지나가는 길목에 홀 컵이 있어야 공은 구멍 안으로 뚝 떨어지는 법이다. 고로 퍼팅한 공은 홀컵을 지나가야 하며, 지나가게 쳐야 홀인된다. 퍼팅은 그래서 섬세하면서 과감해야 한다.

그게 퍼팅의 기본이란 것을 연습하면서 깨달았다.

표영호의 경험 Tips

쩔지 말고 쳐라

불안하면 잘 쳐도 안 들어간다. 위기 상황일수록 "에잇, 까짓 것!" 하며 편안한 마음을 가져야 한다.

퍼팅은 '또 하나의 골프'

퍼팅은 '또 하나의 골프'다. 장타를 치려면 체력도 필요하고, 유연성이나 기술적 능력이 중요하지만, 퍼팅은 열 살짜리 어린아이나 70세 노인이나 공히 체력에는 구애 받지 않고 그 성공률을 높일 수 있는 또 다른 게임이다.

1m 퍼팅만 놓치지 않아도 많은 타수를 줄일 수 있다. 특히 '체력 타령'을 많이 하게 되는 여성 골퍼들은 수단 방법 가리지 말고 퍼팅을 정복해야 한다. 거리는 어쩔 수 없다 치더라도 퍼팅은 누구나 '정복 가능 게임'이기 때문이다.

퍼팅의 성공 요소

1. 스트로크
2. 그린 읽기
3. 거리 컨트롤

그만큼 자신감 있는 스트로크가 중요하다.

거리감 익히기 연습법

아마추어는 특히 방향성보다 거리 제어에 신경을 쓰는 연습을 하는 것이 좋다. 방향에 대한 제어력이 아무리 정확해도 거리에 대한 제어가 부족하면 다음 퍼트가 실패할 가능성이 높아지기 때문이다.

볼을 적절한 거리로 굴려 보내려면 어느 정도의 힘을 가하여 퍼팅 스트로크를 해야 하는가에 집중함으로써 감각을 개발해야 한다.

거리감 연습 방법

내가 좋아하는 속도 조절 연습 방법은 눈을 감은 채 퍼팅 스트로크를 연습하는 것이다. 자신이 좋아하는 클럽으로 연습하듯이 좋아하는 퍼팅 거리를 연습한다. 그러면 자신감이 생긴다.

퍼팅의 핵심 요소

퍼팅은 반드시 홀을 지나가게 쳐야 한다. 부담을 안은 상태에서는 퍼팅이 짧아지거나 혹은 길어진다. 편한 마음으로 부드럽게 해야 한다. 홀을 지나지 않으면 홀인 확률은 제로! 따라서 홀을 30cm 정도 지나가게 치는 연습을 한다. 골프 역사 중 짧은 퍼팅이 들어간 예가 없다. 당근.

넣을 것인가 붙일 것인가? 둘 가운데 하나를 정하라. 단 한 번에 퍼팅을 성공시키고 싶겠지만 심적 부담 때문에 3퍼팅으로 이어질 수 있다. 따라서 5m가 넘는 거리라면 첫 퍼팅은 홀 가까이에 붙인다는 생각만을 하자.

연습 퍼팅이 핵심

연습 퍼팅이 실제 퍼팅이라고 생각하면서 연습해야 한다. 대부분의 골퍼들은 실제로 할 퍼팅 스트로크와 전혀 다르게 몇 차례 성급하게 클럽을 휘두르는 경우가 많다. 홀을 바라보고, 그 거리감에 맞는 스트로크를 재현을 해야 한다. 그래야 실제로 퍼팅을 할 때도 동일한 동작을 만들어 낼 수 있다.

※ 긴 거리 퍼팅은 거리감만 익히고 2m 퍼팅을 집중적으로 하라. 2m 퍼팅만 안 놓쳐도 9타는 줄일 수 있다.

김용만에게 콜드 게임 당하다

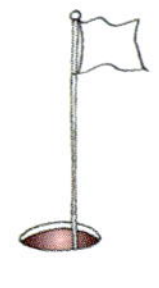

프로그램 녹화 차 일본 미야자키로 가는 비행기에 몸을 실었다. 일정은 1박 2일.

아침 비행기 타고 가서 그 다음날 저녁 비행기 타고 돌아오는 조금은 빡센 해외 출장이다. 좀 더 여유가 있었다면 며칠 더 있다가 오고 싶었으나 그 다음 날 또 스케줄이 있어서 돌아와야만 했다.

첫날 호텔에 여정을 풀자마자 녹화가 시작되어 늦은 밤이 되어서야 끝이 났다. 내일 오후 비행기를 타기 전 오전 시간이 텅 비었다. 근처 골프장을 부킹했다.

피닉스 골프장. 세계적인 골프 대회인 '던롭 피닉스 토너먼트' 대회로도 유명한 곳이다. 세계 100위, 일본에서는 3위로 이름을 날리며 익사이팅한 코스로 유명하다.

특이한 점은 할머니들이 캐디를 하고 있어서 채를 부탁하기에 부담스러웠던 기억이 난다. 영어가 잘 통하지 않아 일본어로 숫자를 얘기해야 하는 것도 해외 다른 골프장과의 차이점이랄 까? 6번 아이언을 달라고 할 때 '넘버 식스(number six)'라고 하면 모른다. '록구방(6번)'이라고 해야 한다.

페어웨이 사이드로는 큰 나무들이 웅장하게 서 있었으며 잔디 또한 예술이었다. 와~ 이런 데서 골프를 쳐 보다니……, 황홀했다.

시간이 없던 터라 나인 홀만 치고 공항으로 이동해야 하는 빠듯한 부킹 타임에 용만이와 나는 서둘렀다.

그런데 신기한 일이 벌어졌다. 평소 연습이라고 개뿔도 안 하던 용만이가 날아다니는 것이다.

용만이를 너무 쉽게 봤다는 데에도 문제가 있었다. 첫 홀부터 1m 버디 트라이. 물론 놓쳤지만 대단한 내용이다.

나는 드라이버 샷이 악성 훅이 나면서 큰 아름드리 나무숲으로 날아갔다. 양 사이드로 나무들이 웅장해서 정확하게 드라이버샷을 치지 못하면 좋은 스코어를 기록하는 것은 불가능하다.

OB도 없단다. 그냥 치고 나와야 한다.

나무와 나무 사이를 가로질러 레이아웃을 하려고 7번 아이언으로 낮게 깔아 직선으로 보낸다는 것이 나무를 맞고 더 깊은 나무 뒤로 숨는다. 이런 제길…….

결국 한 타를 더 치고 네 타 만에 숲을 벗어나 5온 2퍼트로 결국 트리플 보기로 홀 아웃을 했다.

용만이에게 핸디로 나인 홀에 두 타를 주고 쳤으니 이미 다섯 타 차이가 난다. 첫 홀에 드라이버 악성 훅이 만들어 낸 막장 드라마와도 같은 홀이었다.

(그래, 그럴 수 있지. 다음 홀에 잘 쳐야지, 훅을 조심하자.)

마음을 다잡고 두 번째 홀과 만났다. 이런 된장! 보기에는 아름다운 코스가 직접 치려니 아름답기는커녕 번잡스럽기 그지없다. 예쁜 장미일수록 가시가 날카롭다 했던가? 힘들다.

성격 급한 내가 티샷을 하려니 비키란다. 자기가 오너라며 기세 등등하다.

용만이의 공은 정말 잘도 날아간다. 그동안 이 친구랑 볼을 치면서 이렇게 잘 날아가는 공은 본 적이 없었다.

"연습했냐?"

"아니? 나도 몰라, 이상하게 잘 맞는다."

내가 드라이버를 쳤다.

이런 된장에 고추장 비벼 놓은 쌈장 같으니라고! 악성 훅을 조심한답시고 너무 의식했는지 이번엔 악성 슬라이스가 나서 오른쪽 급각을 이루며 OB란다. (이크 망했다!) OB티가 없으니 치고 나가란다. (이런 된장! 또다시 치면서 잘 칠 자신 없는데 어쩌지?) 난감하기 그지없다.

우여곡절 끝에 나는 또 트리플 보기로 홀 아웃을 했고, 용만이는 세컨샷을 그림처럼 쳐서 버디를 했다. 어쩌면 세컨샷이 홀컵에 그냥 들어갈 뻔할 정도로 홀컵 5cm 바로 옆에 떨어져 더 굴

러가다가 백스핀을 먹고 다시 홀컵 옆에 붙은, 그야말로 미PGA
에서나 볼 수 있는 환상적인 샷이었다. 용만이에게 그분이 왕림
하셨던 것이다.

백스핀을 실제로 처음 봤다.

이제 용만이와 나는 아홉 타 차이가 난다. 겨우 두 홀 쳤는데
용만이는 -1타, 나는 +6타, 핸디로 준 2타. 나는 안 돼서 미치고,
용만이는 잘 맞아 좋아서 미치는 줄 알았단다.

그날 김용만은 잔디 떼를 20cm씩 뚝뚝 떠 가며 멋진 샷을 보
여 주며 나인 홀을 +1타인 37타로 홀 아웃 했고, 난 +15타인 52
타를 쳤다.

정말 용만이가 멋졌다. 평소에 연습 좀 해서 오늘 같이 앞으로
도 잘 치라고 하는 나에게 '대단한 용만 씨'는 "너나 잘 하세
요." 한다.

비행기 시간에 쫓겨 공항으로 오면서 생각해 보니 정말 멋진
게임이었다. 그리고 나는 알았다. 요령으로 점철된 스윙은 언젠
가 크게 무너진다는 것을.

내가 지긴 했지만 용만이가 너무 잘 쳐서 좋았고 내가 진 것을
깨끗이 인정하며 골퍼로서의 용만이를 인정해 주기로 했다.

참으로 김용만은 알다가도 모를 골퍼다. 기복이 너무 심해 김
기복이라고도 불린다.

백스핀

유명 프로 선수들의 피치 샷을 보면 탄성이 절로 터져 나온다. 핀을 약간 지나쳐 떨어진 공에 백스핀이 걸려 홀컵에 가까이 붙는 묘기를 보여 주기 때문이다.

백스핀의 본질은 클럽 헤드로 볼의 하단을 쳐서 볼이 진행하려는 방향과 반대의 회전력을 주는 것이다.

백스핀을 잘하기 위해서는

- 발란타 성분의 3피스 이상의 볼을 사용한다.
- 리딩에지가 볼의 하단 부분을 치도록 연습한다.
- 클럽 헤드가 볼의 하단 부분을 하향 타격(Descending Blow)으로 한 치의 오차도 없이 치기 위해서는 역시 수많은 반복 연습이 필요하다.
- 페어웨이와 그린의 상태를 먼저 파악한다.
- 잔디의 길이가 길 때는 임팩트 순간에 클럽페이스가 볼에 접촉되는 순간, 잔디 잎의 일부가 그 사이에 끼게 되므로 쿠션이 생겨서 클럽 페이스에 가로로 그려진 홈(Groove)에 마찰이 없어지므로 백스핀이 걸리지 않는다.

스윙면

스윙 시 손목 코킹을 가파르게 해서 올리고 다운스윙 역시 최대한 가파르게 내리면서 볼을 위해서 눌러 친다는 생각으로 스윙을 하는 것이다. 많은 스핀량을 주기 위해서는 백스윙을 더 작게 하는 대신 다운스윙 때 클럽의 속도를 더 빠르게 가져가며 반드시 볼을 먼저 가격하고 디봇을 만드는 것에 중점을 둔다.

실수의 유형

대부분의 아마추어 골퍼들이 백스핀을 주기 위해 시도하는 것을 보면 지나치게 클럽을 오픈시키고 볼의 하단 부분을 치기 위해 오른쪽 어깨를 많이 떨어뜨린다는 것이다.

또한 볼에 스핀을 주기 위해 임팩트 시 손목을 왼쪽으로 꺾어 올려 치는 스쿠핑 동작을 하게 되는데 이런 동작은 백스핀을 거는 데 아무런 도움이 되지 않는다.

 표영호의 경험 Tips

악성 훅 방지 : 오른손을 너무 많이 쓰지 말아야 한다.

악성 슬라이스 방지 : 스윙을 오버해서 아웃 인 스윙을 하면 슬라이스인데 일부러 인 아웃 스윙을 해 보시라. 반드시 고쳐진다.

스윙 시 손목 코킹을 가파르게 해서 올리고 다운스윙 역시 최대한 가파르게 내리면서 볼을 위해서 눌러 친다는 생각으로 스윙한다.

임팩트? 임팩트!

임팩트가 뭐냐? 수건을 그냥 던지는 걸 맞으면 안 아프다. 손으로 던지다가 탁 낚아챘을 때 그 끝에 맞으면 아프다. 그것이 임팩트다.

야구의 홈런을 생각해 보자. 배트가 밀리면 슬라이스요 빠르면 훅성의 타구가 나온다. 배트가 지나가는 길목 가운데 정확하게 맞으면 직빵 홈런이 나온다. 임팩트다.

어릴 때 선생님께 '빠따' 맞을 때 정말 임팩트 있게 맞으면 정말 소리도 크고 아프다. 대개의 아이들은 그 소리만 듣고도 기가 죽었으니까.

백스윙을 줄이라는 프로들의 레슨을 많이 듣고 난 처음에 이해하지 못했다.

스윙이 크면 클수록 임팩트를 찾기가 매우 어렵다.

나는 오른손으로만 클럽을 잡고 바닥을 찍는 연습을 많이 했

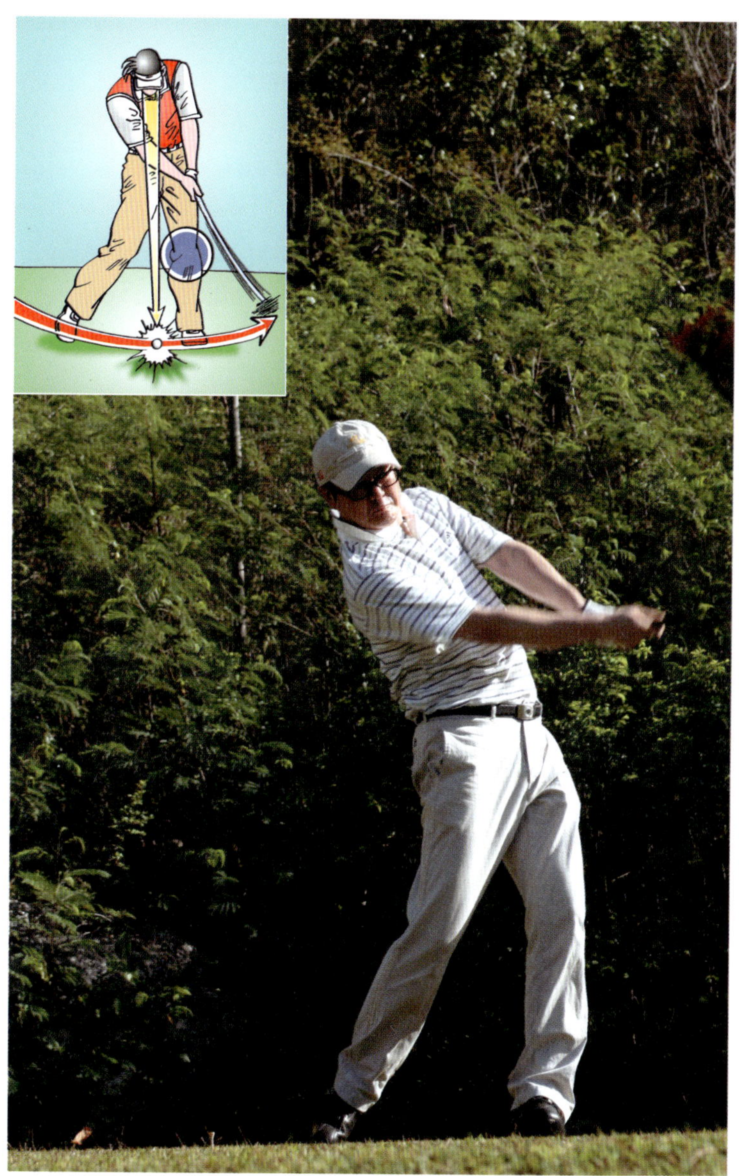

배트가 지나가는 길목 가운데 정확하게 맞으면 직빵 홈런이 나온다. 임팩트!

고, 그것은 마치 수건 싸움 하듯이 임팩트를 느끼게 해 줬다. 특히 아마추어 여성 골퍼들의 경우는 임팩트보다는 쓸고 지나간다는 느낌이 강하다. 힘도 없을뿐더러 임팩트에 대한 개념을 사용할 줄 몰라서이리라.

이렇게 하도 한손으로 연습을 많이 해서 30m 안쪽의 어프로치는 한손이 더 정확할 때도 많다.

임팩트를 느끼고 알게 되면서 연습이 더 재밌어졌다.

프로들이 옆에서 치는 사람 스윙 소리만 들어도 공이 어디로 간지 안다는 말도 임팩트의 소리로 아는 것이다.

좋은 사람들과 라운드를 하라

손숙 전 장관과 라디오 프로그램에 함께 출연한 적이 있었다.

매우 단아하고, 주변 사람 잘 챙기고, 연극배우 생활을 오래 해서인지 소탈하기 그지없는 분이다.

나는 그분을 엄마라 부른다.

"영호야, 주말에 라운드 한번 갈래? 볼 잘 친다고 소문났던 데? 내가 부킹할 테니 주말에 시간 좀 비워 주라."

"예, 알겠습니다."

용인에 있는 레이크 사이드CC에서 손숙 선생의 지인 분들과 만났다.

"얘가 내 아들 영호라우."

라고 인사를 시키니, 동반자들이

"볼 잘 치신다고 들었습니다. 한 수 배우겠습니다."

"소문난 잔치 먹을 거 없다고 소문만 그렇고요, 그 소문도 제가 퍼뜨린 건데."

다 같이 깔깔깔 웃으며 라운드가 시작되었다. 손숙 어머니와 같이 치니까 그렇게 편할 수가 없었다. 마음이 편하니 볼도 잘 맞는다.

전반을 버디 두 개에 보기 두 개 쳐서 이븐파(36타)로 마쳤다.

어떤 스윙을 할 때 나는 항상 먼저 이미지 스윙을 머릿속으로 한다. 완벽하게 쳐서 성공한 상상을 하면서 진짜 스윙을 하면 잘 맞을 확률이 높다.

동반자 중에 한 분이 어느 기업의 사장님이었던 걸로 기억하는데 그분이 나에게 반했단다. 폼이 참 편하고 볼도 힘을 빼고 툭툭 채를 떨어뜨리는 것이 너무 좋다며 칭찬을 아끼지 않는다.

마음이 편하니 공도 잘 맞았던 것 같다.

후반에 조금 무너져 40타로 홀 아웃을 하니 나도 놀랐다.

지금까지 가장 잘 쳤다.

잘 쳐야 한다는 프레스도 없었고 어른들끼리 말씀 나누는 사이에 나는 플레이에만 집중을 하니 잘 맞을 수밖에 없었던 것 같다.

프로레슬러 이왕표 관장 드라이버는 OB 전용?

프로그램 녹화차 제주도에 간 적이 있다. 대한민국을 대표할 만한 미녀 모델들과 이왕표 관장, 육상스타 장재근, 농구 감독 김동광, 야구의 살아 있는 전설 박철순, 그야말로 스포츠로써 대한민국에서 한 획을 그은 분들이다.

다들 하나같이 섬세하고 승부욕도 있고 잘 치는 분들의 토너먼트이자 버라이어티였는데 특이한 것을 발견했다. 미녀 골퍼 네 명과 야수 같은(?) 스포츠 스타 네 명의 필드 게임. 얼마나 아기자기하면서도 파워풀하고, 보이지 않는 경쟁이 치열했겠는가? 미녀 앞에서, 카메라 앞에서 기량을 맘껏 뽐내고 싶지 않았겠는가?

이 네 분 중 장재근 선수가 전반적으로 가장 기량이 좋았고, 다른 분들은 각자 한 분야에서 최고의 골프 기량이 있었으니 그 기량이 유머감으론 최고였다.

김동광 감독은 80대 초반의 스코어를 자랑하는데 퍼팅의 명수다. 농구 골대에 공 넣듯이 쑥쑥 들어간다. 박철순 선수는 야구공을 스트라이크 존에 집어넣듯이 온 그린에 1등이고, 장재근 선수는 걸어가도 카트보다 빠르다. ㅎㅎ

최고의 히트는 이왕표 관장이었다. 몸집이 커서일까, 모든 채가 나무젓가락 잡은 듯 작아 보였고 퍼터는 무쇠로 만들었는지 무게가 해머에 가깝다. 네 분 중 스코어가 가장 안 나오는데 딱 한 가지에 있어서 자기 스스로 용납 못하는 게 있다. 그것은 바로 드라이버 거리다.

"영호야, 거리는 많이 가지? 나보다 더 나간 사람 봤어?"

이왕표 관장은 직선 코스의 홀에서는 파를 치는 것은 식은 죽 먹기이고 약간의
도그렉이 있는 곳은 웬만하면 다 OB인 것이다.

그는 그 홀에서 트리플 보기를 쳤다. 트리플 보기를 쳤음에도 비거리 얘기를 할 정도로 거리에 집착인 것이다.

드라이버 평균 비거리 290m. 이 정도 거리면 웬만한 코스가 다 짧디 짧을 텐데……. 하지만 다 막창으로 OB인데 스코어가 잘나올 리가 없는 것이었다.

더 웃긴 건 캐디가 파 5홀에서 "150m 남았습니다." 했더니 이 왕표 관장의 입에서 "피칭 주세요." 하는 것이다. 깜놀이다. 서비스적인 롱홀에서 드라이버 치고 피칭 잡으면 투 온 인 것이다. 켁. 그러니까 직선 코스의 홀에서는 파를 치는 것은 식은 죽 먹기이고 약간의 도그렉이 있는 곳은 웬만하면 다 OB인 것이다.

파4홀의 경우는 드라이버 치고 런닝 어프로치면 온 그린이다.

피칭웨지를 잡고 런닝 어프로치 하는 것을 보면 정말 더 웃긴다. 채가 워낙 작아 보여 호미 잡고 치는 것처럼 보인다. 깨갱.

스코어로 자기를 이기는 것은 용서하나 거리로 자기를 이기는 것은 용납하지 않는 분이며, 예의와 공손이 없는 사람들과는 잘 어울리지도 않아 고려 태조 왕건의 후손이라는 왕종근 아나운서와는 아주 절친이시다. 켁.

어느 날 내가 이왕표 관장의 별명을 지었다. 이왕표 관장이 드라이버를 깡~ 하고 치면 사람들이 와아~ 한다. 하지만 OB가 난다. 그래서 별명을 '하지만~'으로 지었다. z z.

하루는 귓속말로 내게 물으신다.

"영호야, 거리를 줄이는 방법이 없을까?"

그거 제 팬티인데요?

곤지암에 있는 곤지암CC에서 있었던 일이다.

기분 좋게 라운드를 마치고 클럽하우스에 샤워를 하러 들어갔는데 그곳에서 드라마 작가계의 큰별 이홍구 작가님을 만났다.

우와~ 대박 드라마를 줄곧 집필하신 분을 여기서 만나다니 너무 반가웠다.

서로 아무것도 안 입고 있어서 좀 멋쩍긴 하지만 그래도 친한 사이는 아니다 하더라도 얼굴을 서로 알아볼 테니 인사를 안 할 수도 없었다.

다가가서 넙죽 인사를 건넸다.

"선생님, 안녕하세요?"

"아~ 예. 잘 쳤어요?"

반갑게 인사를 건네주시니 더더욱 고마웠다.

보통의 경우는 목욕탕에서 홀딱 벗고 만나면 좀 어색한 경우가 많다. 그래서 대개 대충대충 어색하게 목례만 하는 경우가 많은데 이홍구 작가님은 경쾌하게 인사를 받아 주신다.

서로 알몸으로 거울 앞에 서서 머리도 말리고 로션도 바르고 하다 보니 선생께서도 많이 어색하셨나 보다.

목욕탕에 들어가면 로커 대신 번호가 매겨진 바구니가 있는데 그곳에서 팬티를 입고 다시 거울 앞에 오신다.

어떻게 지내시냐는 둥, 공이 안 맞는다는 둥 이런 저런 얘길 나누는데 가만히 아래를 보니까 내 팬티를 입고 계신 게 아닌가?

띠용~~~~~~~~~ 어떻게 얘길 해야 하나 고민이 됐다.

얘길 하면 부끄러워하실 거고, 말 안 하자니 팬티를 바꿔서 입고 갈 수도 없고 참 난감했다.

아무리 그래도 내 팬티는 내가 입고 가야겠기에 용기를 내서

"저…… 저…… 저……."

"?…… 왜?"

"선생님 그 팬티 제 건……데요?"

"?…… 아냐. 이거 내 거야."

"아니에요 선생님. 그 팬티 제 거예요?"

"아냐 인마, 내 팬티야."

"에이 선생님, 그거 제 것 맞아요."

선생님 입장에선 환장할 노릇이었을 게다.

다시 벗어 주자니 벗는 사이에 분위기가 이상해질 것 같고, 그

냥 가자니 남의 팬티 입고 가는 이상한 사람이 될 것 같았을 게
다.

좀 전까지 서로 화기애애하게 인사와 덕담을 나누던 사이가
팬티 한 장 때문에 괜히 어색하게 된 것이다.

분위기가 참으로 해괴망측한 것이 그 근엄하신 선생께서 졸
지에 남의 팬티나 훔쳐 입고 가는 사람으로 몰린 것이 아닌가?

난 그런저런 생각할 틈도 없이 일단은 내 팬티 사수에 목숨을
걸었다.

"에이 선생님, 제 팬티 맞는데……."

이윽고 선생님은 별 이상한 놈 다 보겠다는 반응을 보이며 샤
워장을 빠져나갔고, 난 졸지에 팬티도 잃고 선생님과 친할 수 있
는 기회도 잃었다.

　　혼자 안절부절못하면서 어쩔 줄 몰라 멍하니 서 있다가 내 바구니로 가 보았다.

　　아이쿠~~~ !!!!

　　큰일이다.

　　선생님이 입고 있던 그 팬티는 내 팬티와 똑같은 브랜드의 똑같은 모델이었다.

　　안 되는 놈은 뒤로 넘어져도 코가 깨진다고 그런 분과 사귀기도 어려운데 팬티 때문에 원수가 졌으니……,

　　아! 나의 인생이여.

어프로치에 정성을 들여라

어떤 라운드에서는 퍼터를 별로 잡지 못하고 18홀을 끝낸 적이 있었다.

투 온을 시키지 못하고 그린 주변에만 갖다 놓게 되면 어프로치로 컨시드 거리(퍼터 그립 안쪽을 통상적으로 지칭한다)에 붙였기 때문에 퍼터를 잡을 일이 별로 없었던 것이다. 어프로치로 버디를 잡은 적도 참 많았다.

나는 30m 안쪽의 어프로치는 치기 전에 꼭 그린까지 올라갔다 온 뒤 공이 날아가는 이미지를 머리에 그리고 스윙을 한다. 어떤 샷이든 상상한 이미지대로 볼이 날아가면 그 기분은 말로 형언 할 수 없을 만큼 좋다. 확실한 건 잘 칠 확률이 매우 높다.

프로들도 대회 할 때 연습 라운드를 한다. 아마추어들은 허겁지겁 도착해서 치기에 바쁘다. 아무리 여러 번 가 봤다 한들 매 홀을 기억하기란 쉽지가 않은 법이다.

처음 골프채를 잡으면 시원한 소리가 나고 거리가 가장 많이 나는 드라이버를 치기를 좋아한다. 안타깝지만 어프로치샷의 중요성을 제대로 인지하고 있는 아마추어는 많지가 않은 것 같다.

어프로치샷은 크게 나누어 볼을 굴리는 런닝 어프로치와 볼을 띄웠다 굴리는 피치앤런, 그리고 띄워서 멈추게 하는 피치샷이 있다. 거리가 어떻게 되느냐, 핀이 어디에 꽂혀 있느냐에 따라 달리 구사하게 되겠지만 이 세 가지를 하루에 100개씩 연습해 보자. 싱글이 되는 시간이 가까워진다.

가까운 어프로치를 퍼덕이는 경우와 공의 머리를 치는 일이 많은데 그것은 손목을 쓰거나 다리를 고정시키지 못해 울렁거려서 그런 일이 발생한다.

다리 고정!

손목 고정!

그리고 머리 고정!

어프로치 종류와 샷

런닝 어프로치

연습량이 적은 아마추어 특히 초짜 골퍼라면 그린 주변에서는 런닝 어프로치가 쉽다. 그 이유는 볼을 띄우기보다는 굴리는 것이 이미지화하기 쉽고, 퍼팅에 가까운 스윙으로 칠 수 있기 때문이다.

그리고 볼이 그린 주변 가까이에 있고, 그린 주변에서 핀까지의 거리가 먼 경우는 볼을 약간 띄우고 굴리는 것이 가장 정확하다. 이때 7~9번 아이언이나 퍼터를 사용한다.

런닝 어프로치는 퍼팅의 요령으로 :

쉽게 볼을 칠 수 있는 런닝 어프로치에서 뒤땅, 톱 볼이 나오는 것은 양쪽 무릎이 움직이기 때문이다. 하체를 단단히 고정한 뒤……. 백스윙 때의 오른손목 각도가 볼을 치고 난 이후에도 거의 그대로 유지되는 감으로 쳐야 한다. 손목이 고정돼야 견고한 터치가 이뤄진다.

피치 앤드 런

골퍼들이 가장 많이 구사하게 되는 피치 앤드 런 역시…… 손목을 쓰면 실수를 범하게 된다. 클럽은 자연스럽게 하고 어깨와 팔은 삼각형을 유지한 채 스윙한다. 이때 양쪽 손목을 쓰지 않는다.

어깨와 팔은 삼각형을 유지한 채 스윙한다. 우선 볼이 떨어질 지점을 확실히 정하고 치는 것이 중요하다. 런닝 어프로치와 같이 어깨와 팔의 삼각형을 유지하며 스윙한다. 어드레스 때 고정시켰던 오른쪽 손목을 끝까지 유지한다. 볼은 스탠스 중앙이나 약간 오른발에 위치하고 체중은 왼쪽에 둔다. 스윙할 때 어깨와 팔의 삼각형은 끝까지 유지해야 한다.

그린 주변의 맨 땅 어프로치

피칭의 클럽 페이스를 최대한 닫고 손목을 쓰지 않고 퍼터하듯이 볼을 타격한다. 이때 공 밑동을 친답시고 잘못 치면 진흙에 채가 감겨 철퍼덕할 수가 있다.

런닝 어프로치는 하체를 단단히 고정한 뒤 백스윙 때의 오른손목 각도가 볼을 치고 난 이후에도 거의 그대로 유지되는 감으로 쳐야 한다.

내기 골프는 무조건 이겨라

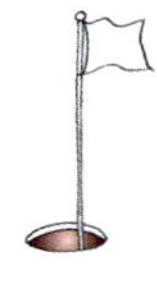

내기에는 다양한 내기가 있다.

술내기, 밥내기, 부탁 들어 주기, 그린피 내 주기, 캐디피 내기, 돈 내기 등등.

또 내기가 없으면 심심한 것도 사실이다. 우리나라 프로 축구도 돈을 걸고 보면 영국의 프리미어리그보다 재밌다. (스포츠 복권도 있다.)

한번은 내기를 너무 좋아하는 선배가 하도 라운드를 같이 가자고 해서 할 수 없이 응해서 나간 적이 있었는데 그 선배는 골프 매너가 좋지 않기로 유명한 사람이었다. 못 치는 사람 데리고 나가 돈 따 먹고 남들 칠 때 크게 떠들고, 심지어 백스윙 올라가서 내려오는데 야! 하고 큰 소리로 불러서 구찌를 넣기도 하고, 알 까다가 걸리고, 남의 공 찾아 준다며 발로 꾹 밟아 치기 어렵게 만들어 놓기 일쑤였다.

전반 나인을 돌고 후반에 들어서니 내기를 하잔다. 전반에 실력 점검을 했으니 후반은 빡세게 쳐 보자는 거다.

나는 그 당시 평균 85타의 핸디를 가지고 있었는데 전반 나인(파36)홀의 스코어가 형편없게도 46타였으니 9홀 동안 10개를 오버한 것이었다.

그 선배는 나와 같은 핸디로서 42타로 전반을 마감했으니 기세 등등 자신만만이었다. 나를 깔보고 달려들었던 것이다.

지는 사람이 그린피와 캐디피 그리고 밥값까지 풀 서비스 하자는 거다. 다들 동조했고 나만 안 한다고 할 수 없어서 그렇게 하기로 했다.

"자, 후반전! 올 스크래치다."

의기양양한 선배의 멘트다.

나의 스윙은 남에게 보여 주는 스윙과 내기 스윙, 두 가지가 있다. 나는 일단 스윙을 30% 줄였다. 백스윙의 크기를 줄이면 실수 확률이 줄어들어 게임에 임할 때 스트레스가 적다.

나는 정말 최선을 다해 게임에 집중했고, 선배는 연신 구찌에 반칙도 불사했다.

골프의 반칙은 여러 가지가 있겠지만 공을 치기 위해 어드레스할 때 채로 살짝 공의 위치를 옮기는 반칙도 있다. 클럽을 공에 슬쩍 대고 앞으로 클럽 각도를 세우기만 해도 나름 좋은 형편의 잔디로 공이 두 바퀴쯤 굴러간다. 그런 다음 다시 어드레스해서 친다. 그 선배의 그런 행태를 여러 번 목격했으나 눈 감아 주었다.

반칙은 그린 위에서도 공공연하게 저질러졌다.

볼 마크를 대고 공을 집은 뒤 10~20cm 앞에 공을 놓고 퍼팅하고 그림자로 남의 퍼팅 라인을 가리는 일은 애교일뿐이었다.

그런데 그렇게 치면 본인만 집중을 못하게 된다. 틈만 나면 반칙할 생각에 집중을 하지 못하고 계속 트러블 샷만 할 수밖에 없게 된다. 도둑이 제 발 저린 격이다.

나는 후반에 악착같이 게임에 집중해 2타를 오버해서 38타를 쳤다. 합계 84타. 그 선배는 후반에 54타를 쳐서 합계 87타. 전후반 다 합쳐도 이겼고 본게임인 후반만 쳐도 여섯 타나 이겼다.

그런 것이다.

핸디는 잔디 속에 다 숨어 있는 것이다. 전반에 못 치면 후반에 잘 치게 돼 있고 전반에 잘 치면 후반에 또 못 치게 되는 것이 핸디다.

'아, 오늘 라운드는 선배 협찬으로 쳤군.' 기분이 좋았다.

물론 그 선배는 바쁘다며 목욕도 안 하고 그냥 가 버렸고, 우리는 각자의 그린피를 각자 내고 집으로 돌아왔다. 나는 다시는 그 선배와 라운드를 하지 않았다.

내기 골프에서 무조건 이기는 것이 능사라는 것을 깨달았다. 이겨야 상대를 용서할 수 있고, 이겨야 배려할 수 있는 것이다.

내기 골프가 아닌 친선 골프를 칠 때나 비즈니스 골프를 칠 때는 상대방에게 너그럽게 OK를 연발한다. 그러나 일단 작은 내기라도 걸리면 퍼터 그립 이내가 아니면 좀처럼 OK를 주지도 않을 뿐더러 특히 내리막 퍼팅은 그립 이내라고 하더라도 OK를 주지 않는 경우가 허다하다.

내기 골프라는 것이 오묘해서 상대방이 OB를 내면 나도 모르게 입가에 미소가 돌게 되는 것이고, 상대방이 그걸 보고 마음 상하기도 하고 짓궂은 친구들은 한 술 더 떠서 "너의 불행이 나의 행복이다."라고도 한다.

내기골프는 예민해서 룰을 정확하게 지켜야 한다. 룰을 정확하게 지키는 것이 양심을 지키는 것이요 그래야 매너를 향상시킬 수 있다.

개그맨 김용만과 나는 첫 번째 라운드에서 매너가 없거나 타수를 속이거나 드롭 존을 지키지 않으면 다시는 그 사람과 동반 라운드를 하지 않는다. 골프의 룰을 모르면 지킬 수 없겠지만 알고도 지키지 않으면 그것처럼 얄미운 게 없다. 내기 골프, 골퍼라면 누구나 크든 작든 내기 골프를 한 번쯤은 해 봤을 것이다. 안 해 봤으면 해 보라고 권하고 싶다.

내기 골프는 고수가 하수 돈을 빨아먹을 확률이 일반적으로 높고 그래서 하수를 흔히들 보험이라고도 한다. 또 하수를 데리고 라운드를 가면 고수들의 입장에서 빨대 꽂았다고도 한다.

내기 골프는 철칙이 있다. 자기 자신이 감당할 수 있는 내용의 내기를 해야 하고, 잘 모르는 사람과는 하는 게 아니며, 큰돈이 오가는 내기는 해선 안 되겠다.

내기 골프는 싸움과 같아서 이기기 위해서는 절대 흥분하지
말아야 한다.

※ 할머니들이 경로당에서 10원짜리 내기 고스톱을 친다. 이
  걸 두고 도박이라 보는 사람은 아무도 없다.

표영호의 경험 Tips

누구나 그렇지만 일단 내기가 걸리면 무조건 이기고 싶다. 이기려
면 어떻게 해야 하는가? 나는 모든 클럽의 스윙을 70%만 한다. 이
는 임팩트로만 친다는 얘긴데 임팩트가 좋으면 거리 손해를 보지
않으므로 확실히 효과적이다. 그리고 과다한 백스윙을 줄이면 그
만큼 실수도 줄일 수 있다. 그리고 무엇보다 거리가 들쑥날쑥하지
않아 좋다. 단, 치고 나서 피니시는 끝까지 해 줘야 한다. 그래야
스윙이 예뻐 모양 안 빠진다.

내기 골프 하러 가기 전 반드시 알고 가라

아마추어 골퍼들에게 적당한 내기는 골프의 재미를 배가 시켜주는 것엔 틀림이 없다.

접대 골프나 친선 골프의 경우라면 상대방을 배려하고 매너가 중요하겠지만 내기 골프는 얘기가 달라진다. 경쟁인 것이다. 물론 자신의 플레이가 좋아야 하는 것은 당연하겠지만 상대의 신경을 살짝 건드려 그의 집중력을 헤집어 놓아 플레이를 무너뜨리는 것도 내기 골프의 이기는 방법 중 하나일 수 있다. 하지만 아무리 상대를 무너뜨려야 한다 해도 룰은 반드시 지켜야 한다.

법을 어기면 처벌은 받듯이 룰을 어기면 벌타를 받는다. 그러나 예절을 갖추지 않았다고 처벌을 받진 않는 것처럼 매너가 조금 없다고 벌타를 주진 않는다. 다만 주변 사람들에게 핀잔 좀 들을 수 있다. 각오하라.

다음은 내기 골프 하러 가기 전 알고 가면 좋을 몇 가지다.

1. 첫 홀에서는 무조건 이겨라

보통 첫 홀이니 몸 풀기용으로 홀을 쓸 데가 있다. 그리고 배판이 아니라는 이유로 설렁설렁 치는 경우가 허다하다. 그러다가는 자신의 스코어에 누가 될 수 있다. 예를 들어 보기 플레이어가 첫 홀에서 더블보기나 트리플보기로 출발할 경우 자기 핸디를 생각해서 무리한 스윙을 할 수 있다. 더 무너질 뿐이다.

또 첫 홀에서 돈을 따고 시작하는 골프와 잃고 시작하는 골프는 심리적으로도 많은 차이가 난다.

2. 캐디에게 꽂히지 마라

괜히 거리 틀리게 봐 줘서 OB났다는 둥 퍼팅 라인을 잘 못 봐 줬다는 둥 투덜거리는 경우가 있다. 캐디에게 불만을 토하는 사람 치고 게임에서 이기는 경우를 못 봤다. 그냥 아직 초짜 캐디인가 보다 하고 이해해야 한다. 만일 동반자 중에 캐디에게 열받은 사람 있으면 동조해 줘라. 그럼 계속 꽂혀서 18홀 내내 라운드를 망친다. 결국 이기기 쉽다. ㅎ ㅎ

3. 라운드 전에 볼을 선물하라

게임을 하다 보면 라운드 중간 중간에 알게 모르게 구찌(상대방의 평정심을 흩뜨려 놓는 행위나 말)를 하게 된다. 그러다 보면 아~ 이 사람 매너가 없구나, 생각을 하게 되는데 볼을 시작 전에 주면 매너 없는 사람으로 생각지는 않고 재미있게 라운드를 하는구나, 유쾌한 사람이구나, 생각한다. 고로 매너 없음을 상쇄시켜 준다. ㅎㅎ. 그리고 이것은 접대 골프나 친선 골프에서도 상당히 효과가 있다.

4. 욕심을 반드시 버려라

예를 들어 파5홀에서 거리가 만만하다고 드라이버를 후려갈겨 난감해질 수도 있고, 무리한 클럽으로 투 온에 도전할 수 있는데 그건 참으로 어리석은 행동이다. 평소에도 안 맞던 클럽이 잘 맞을 리 없으며, 또 이런 홀에서 롱기 하자고 하는 경우가 있는데 하수가 말려들 수 있다. 장타자와의 라운드에서는 비거리로 맞서려는 순간 많이 난감해질 수 있다.

장타자와의 대결에서는 오히려 끊어 가더라도 정확하게만 간다면 오히려 장타자가 쉽게 무너진다. 평소 해 보지 않은 샷은 하지 않는 게 좋다.

5. 상대가 잘 칠 땐 응원하라

상대의 베스트 스코어에 도전 의욕을 불지펴야 한다. 좀 더 과감한 샷도 칠 수 있도록 응원하는 것이다. 내리막 퍼팅의 라인도 과감하게 쳐 지나가게 만들고, 넘지 못할 난코스의 홀도 도전할 수 있도록 유도하면 백발백중이다. 상대가 잘 칠 때 구찌를 하면 상대는 더 조심스러워져 오히려 더 잘 칠 수 있다.

기억하라. 칭찬도 구찌다.

싱글 골퍼는 희귀 동물

실력이 퍼펙트한 싱글로 늘 -2타(70타)에서 +5타를 치고 다니는 아마추어가 있었다.

아마추어라기보다는 클럽 챔피언도 여러 번 했을 법한 실력에다가 일주일에 두세 번 라운드해서 필드 경험도 풍부한 사람이었다.

하루는 내가 연습장에서 연습을 하는데 자꾸 필드를 같이 나가자고 어프로치해 오는 것이었다.

"전 내기 골프 안 합니다. 실력도 안 되구요."

나는 그 당시 80대 초반에서 중반을 치는 보기 플레이어 중에 나름 부동의 고수였다.

"아니, 그냥 편하게 라운드합시다. 지는 사람이 게임비 내 주기로."

보통 당구도 지는 사람이 게임비를 무는데 은근히 땡겼다. 그리고 그냥 단순하게 그 사람의 실력이 궁금하기도 했다.

소문대로의 실력이라면 프로를 하지 왜 하지 않을까?

정말 잘 치는 게 맞나? 의심이 갔고 난 그걸 확인하러 라운드에 동참했다.

경기도 원당 근처에 있는 뉴코리아CC에서 조우를 했고, 클럽하우스에서 식사를 하면서 내기에 얽힌 여러 가지 영웅담을 들었다.

칭기즈칸이다, 이 사람은 적어도 골프 칭기즈칸이다, 이런 생각이 들었다.

전국의 내로라하는 수준급 골퍼는 다 무너뜨린 사람이었다. 이른바 골프 타짜, 바로 그런 사람이었다.

나 죽었다는 마음으로 첫 홀이 시작되었고 '끽해야 그린피 내주면 되지.' 라는 생각으로 라운드가 시작되었다. 그 사람은 정말 실력을 갖춘 최상급의 아마추어에 스윙이 간결하여 실수하지 않을 것 같아 첫 홀부터 기가 꺾였다.

그러나 그는 진정한 싱글이 아니었다. 룰을 지키며 하는 라운드가 아니라 자기가 처한 상황에 자기 멋대로 룰을 만들며 플레이를 하는 것이 아닌가?

"저기요, 죄송한데요? 거기서 드롭하면 안 되는 것 같은데……."

"????"

"룰을 지키셔야죠. 대충 좋은 데 놓고 치고 자기 편한 데 드롭하고 치면 누구나 다 싱글이죠.” 했더니 약간 멋쩍어 하며 제대로 붙자고 더 들이댄다.

예를 들면 이런 식이다.

해저드에 빠지면 해저드 뒤에서 드롭을 해야 하는데 해저드 앞까지 걸어와 자기가 잘 치는 클럽 거리에 맞춰 드롭을 하고, 자기 스스로에게 멀리건을 주고 언덕에 있는 볼은 슬쩍 발로 밀어 평지에서 치고 하는 것이다.

“룰대로 하죠? 노터치로 하는 게 좋을 것 같은데.”

그는 자존심이 상했는지 좋다며 씩씩거린다.

파3홀에 그린을 지나가면 45도 경사진 러프가 나오는 홀이 있는데 그분의 볼이 그곳에 들어갔다. 그린으로 볼을 치려면 45도 내리막 경사의 볼을 쳐야 한다.

거리는 약 15m. 실수하기 딱 좋은 거리에 경사각이다.

우리보다 먼저 그

자칭 싱글 수준의 그는
언덕에 있는 볼은 슬쩍 발로 밀어 평지로 보낸다.
혼자 그린으로 뛰어가서는 경사각 중간에 있던 공을
발로 툭 차 그린 에지로 갖다 놓는다.

린으로 뛰어가더니 경사각 중간에 있던 공을 발로 툭 차더니 그
린 에지로 갖다 놓는 게 아닌가?

모른 체했다.

그랬더니 잽싸게 그 공을 런닝 어프로치로 홀컵에 들어갈 듯
붙인다.

제동이 걸렸다. 나 말고 동반자 중 한 명이 그걸 본 모양이다.

2벌타에 처음 자리에 다시 놓고 치는 것으로 합의하여 다시
쳤으나 잘 빠져나올 리 만무한 공은 두 번 만에 온 그린 됐으나
그것은 5온인 것이다. 그리고 내리막 퍼팅을 길게 하여 못 넣고
오르막을 다시 못 넣고 마무리했으니 파3홀에서 8타를 친 것이
다.

사람을 속여 개망신이고, 게임에서는 사실상 실격인 셈이다.

나는 그날 이후 생각을 많이 했다.

'예전에 김미현 선수가 진정한 보기 플레이어는 몇 % 안 된다
고 하더니 그 말이 사실이구나.'

'진정한 싱글 골퍼는 진짜진짜 몇 % 안 되는 희귀동물인 것'
임을 깨달았다.

이경규·김정렬과 라운드하면 우울증도 낫는다

둘 다 싱글 수준의 골퍼다.

이 두 분의 경우는 너무 재밌게 볼을 친다.

골프 선수가 될 것도 아닌데 서로 대화를 많이 나누고 친목으로 치면 된다는 생각을 가진 분들로, 라운드를 같이 하게 되면 엄청 즐겁다.

이경규 형은 프로그램을 녹화하러 갈 때보다 골프 치러 갈 때의 얼굴이 더 행복하다.

하루는 새벽 다섯 시 티오프였는데 새벽 세 시 반에 그의 집 앞에서 만났다.

"영호야, 새벽에 녹화하러 나간다면 짜증날 텐데 골프 치러 가니까 짜증이 안 나는 거야."

하루는 그가 드라이버로 친 공이 벙커에 들어갔다.

"벙커 탈출 아주 쉬워. 보여줄게." 하더니 한 번에 탈출을 못

한다.

형은 손으로 꺼내서 그냥 잔디 위에 던져 놓고 태연하게 친다.

"형, 그런 게 어딨어?"

"괜찮아, 내 손도 클럽 중에 하나야." 한다.

다들 웃겨서 뒤집어진다.

또 한 번은 드라이버를 쳤는데 좋은 자리로 공이 날아가질 않았다. 우리가 옆에서 심하게 떠들어서 그런가 싶어 미안하다고 했더니

"괜찮아, 난 공칠 때 누가 밀지만 않으면 돼." 한다.

참 유머와 배려가 넘치는 형이다. 자기의 아이언은 4∼9번까지가 있고, P, S 그리고 손이 있단다. 푸하하.

경규 형과의 라운드는 너무 웃겨서 늘 설레게 한다.

그는 사실상 골프를 상당히 잘한다.

이경규 형은 무엇이든 열심히 하는 선배다. 새로운 프로그램을 시작하면 아이디어 회의를 수차례에 걸쳐 열심히 한다. 정상에 섰으면 그만 할 법도 한데 그는 대충 대충이 없이 아주 열성적이다. 경규 형의 그런 모습을 통해 자기 직업의 프로로 사는게 뭔지를 배운다.

김정렬 형은 몸 풀 때부터 웃긴다. 나무를 붙잡고 숭구리당당으로 하체를 돌리며 몸을 푼다.

누구를 의식하지 않고 그런 식으로 몸을 푼다. 그거 보고 웃지 않는 사람을 못 봤다.

하루는 농구 천재 이충희 감독과 라운드였는데 갑자기 잘 치던 이충희 감독이 피식 하고 웃더니 주저앉는다. 한쪽 귀퉁이에서 공이 안 맞는다며 나무를 붙잡고 몸을 푸는 모습을 이충희 감독이 보고 웃겨 쓰러진 것이다.

그날 이 감독님은 형편없는 스코어를 치고 말았다. 김정렬 얼굴만 봐도 너무 웃겨서 못 치겠다는 것이다.

평소 싱글 골퍼가 80대 중반을 쳤으니 그럴 법도 하다.

그러나 골프 치면서 그렇게 많이 배가 아프도록 웃어 본 적이 없어 너무 좋았다고 한다.

공기 좋은 자연 속에서 웃을 수 있으니 이보다 더 건강에 좋은 것이 또 있겠는가?

사람들은 정렬 형과 라운드를 가고 싶어 안달이다. 재밌기도 하고 하체에 힘이 없어 보여 만만하기도 한가 보다. 그러나 그 낭창거리는 하체로 드라이버 임팩트가 맞으면 거리가 장난 아니다.

경규 형, 정렬 형은 사람들이 라운드하고 싶은 멤버 1순위다.

표영호의 경험 Tips

하체가 낭창거리고 움직임이 많다고 하더라도 왼쪽 다리와 엉덩이로 축을 만들어 버틸 수만 있다면 오히려 거리는 더 나갈 수 있다. 중요한 건 임팩트의 정확성인데, 스윙의 메커니즘만 안다면 어떤 자세로도 볼을 칠 수는 있다.

KLPGA 이보미 선수를 몰라본 김수용

2009년 6월 24일 가수 이은하 선배가 한국 LPGA 선수들을 응원하는 연예인 홍보단을 만들었다. 많은 사람들이 참여를 했는데, 이봉원, 박미선, 박선영, 리치, 최홍림, 이경실, 김은우, 안계범, 김혜연, 김수용 등 20여 명의 많은 연예인들이 참여를 했고 나도 그 멤버의 한 명으로 발족식 및 대회에 참가했다.

대회 날 하이마트 소속선수인 이보미 선수와 몇몇 선수들이 참여를 해 줬고, 우린 조 편성을 하고, 하이마트의 선종구 사장의 시구로 대회가 시작되었다.

그날 조 편성에서 김수용과 이보미 선수가 한 조에 편성되어 라운드를 하게 되었다는데 난 속으로 김수용이 이보미 프로에게 한 수 배우겠거니 했다.

평소 김수용은 얼렁뚱땅 타법으로 그다지 성의 있게 볼을 치는 사람이 아니다. 아무리 중요한 샷도 남들이 보기 민망할 정도로 성의 없게 치는 듯 보인다.

하긴 언젠가 개그계의 대모인 이성미 선배가 자녀들과 함께 캐나다에 유학가 있던 시절, 그곳에 인사차 간 김수용이 그곳에서 대선배 이홍렬 형을 만났단다.

이홍렬 : 수용아, 낼 뭐 할 거니?

김수용 : 할 거 없는데요……. 캐나다에 처음 와서 뭐가 뭔지 잘 모르겠어요.

이홍렬 : 그럼 내일 골프나 치러 갈래?

김수용 : …… (끙~ 평소에 골프를 좋아하는 것도 아닌데 여기까지 와서 골프를?)

이홍렬 : 가자~.

김수용 : …… (대략 곤란)

이홍렬 : (짜증) 야 임마, 넌 선배가 가자고 애원을 하는데 어떻게 대답도 안 하냐?

김수용 : 네? 아니……저…… 골프를 잘 못 쳐서요.

이홍렬 : 그래도 선배가 가자면 한 번쯤 "예" 하는 맛이 좀 있어 봐라!

김수용 : 예.

이렇게 해서 하는 수 없이 필드를 갔단다.

그런데 원래 김수용의 성격상 연습 스윙도 없고 공 앞에 서자

마자 바로 치는 버릇이 있는 것이 이홍렬 선배 입장에선 고깝게 보였나 보다.

　이홍렬 : 야, 김수용! 치기 싫으면 싫다고 해야지 그렇게 치는 게 어딨어? 엉?

　김수용 : 아니, 그게 아니라…… 저 원래 이렇게…….

　이홍렬 : 야, 임마! 성의 없이 그렇게 치는 게 대드는 거랑 뭔 차이가 있어, 엉?

　김수용 : ……(제 스타일인데……. 쩝)

　이홍렬 : ……(너 완존히 찍혔어. 나한테…….)

　대선배랑 공을 치면서도 이랬던 김수용이 그날도 역시 안에서 새는 바가지 밖에서도 샌다고 그날도 그랬던 모양이다.

　보다 못한 이보미 선수가 필드 레슨이나 해 줄 요량으로 가까이 가서 포인트 레슨을 해 줬나 보다. 사실 이 얼마나 고마운 일인가? 이보미 선수 같은 프로랑 필드 레슨 잡기가 보통 어려운 일이 아닌데, 남들 같으면 돈을 듬뿍 지불해 가며 레슨 받고 싶어 한다.

　그런데 김수용이 누군가? ㅎㅎ.

　누구에게 간섭 받기 싫어하는 김수용이라 알려 주는 게 싫었던 모양이다.

　다른 골퍼들 같으면 부러워할 필드 레슨

인데 김수용은 그런 걸 잘 몰랐다. 이보미 선수가 레슨을 해 주고 싶어서 다가오면 얼른 쳐 버리고 다가오면 또 얼른 쳐 버리고 했단다.

라운드가 끝난 뒤 시상식과 다과회를 하는데 김수용이 내게 묻는다.

수용 : "저 쪼그만 여자애요, 저 여학생, 뭐하는 애예요?"

영호 : "왜요?"

수용 : "라운드하는데 자꾸 쫓아다녀서 피해 다니느라 고생했거든여……."

영호 : "……."

수용 : 귀찮아 죽는 줄 알았네.

영호 : "(띠용이다) 프로 골퍼잖아요."

프로 대회에서 우승하는 프로 선수에게서
레슨 받을 기회를 놓치다니 얼렁뚱땅이 김수용답다.

수용 : "아~ 난 하이마트 옷을 입고 있기에 직원인 줄 알고 전자 제품 싸게 살 수 있냐고 물어봤는데?"

그로부터 몇 개월이 지났을까?

김수용이 이런 얘길 한다.

"그때 그 프로 있잖아요. 어제 우승하던데……."

그랬다. 2009 넵스 마스터피스 대회의 우승이었다.

프로 대회에서 우승하는 프로 선수에게 레슨 받을 기회를 놓치다니 얼렁뚱땅이 김수용 답다. ㅋㅋ

참고로, 이보미 선수는 2010년 KLPGA투어 KB국민은행스타 투어에서 역대 최소타인 269타(19언더파)로 우승을 하고, 시즌상금왕과 최저타상, 다승왕 그리고 대상까지 바라보는 선수다.

김국진 재미있는 프로모터 되다

이경규 선배에게서 전화가 걸려온다.

"낼 라운드 갈 수 있니?"

"낼요? 시간이 될 것 같은데요?"

"낼 (신)동엽이랑 (김)국진이랑 나랑 너랑 나가는 거야. 8시 50분 남촌CC다.

"늦지 말고 와라."

오랜만에 라운드하는 것도 좋은데다가 국진, 경규 형과 후배 동엽이라니, 참 재밌는 조합이구나 생각했다. 알고 봤더니 국진 형의 작품이었던 게다. 국진 형이 정말 궁금했단다. 과연 누가 이길까? 이번 라운드로 승패를 가려서 두고두고 회자시키며 재미삼고 싶었던 거다.

경규 형이 그랬단다.

"국진아. 낼 내가 위너다. 두고 봐라."

“아~ 만만치 않을걸. 와~ 정말 궁금하네?”

다음날 아침 클럽하우스에 도착하니 동엽이가 먼저 와 있었다.

“어제 새벽 다섯 시까지 술 마시고 한 시간 자고 나왔어요.”

경규 형이 좋단다.

“동엽이는 다섯 시까지 술 마셔 헤롱헤롱할 거고, 영호는 오랜만에 치니까 못 칠 거고. 오늘은 내가 위너다.”

사실 특별한 내기가 없어도 자존심이 걸려 있기 때문에 정말 큰 내기다. 오늘 지면 두고두고 씹힌다. 지게 된다면 각자 바빠서 복수할 날도 흔치 않기 때문에 오늘은 정말 잘 쳐야 한다.

국진 형은 어린애마냥 신났다. 누가 이기게 될지 정말 궁금하다고 노래를 부른다. 경규 형도 쟁쟁한 싱글, 동엽이도 수준급, 국진 형은 심판이랍시고 들떠 있다. 자기가 세 명과 다 쳐 봤는데 스크래치로 손색

이 없는 핸디라 스크래치로 붙으란다.

재밌다고 생각했다. 다만 지면 망신이다. 오랜만의 라운드이기도 하고 쟁쟁한 골퍼들과의 맞장이기도 하니 얼마나 흥분되는가. 그래, 이 순간을 즐기자.

국진 형을 제외한 우리 셋은 정말 쟁쟁한 파트너였다.

술이 안 깼다는 동엽이는 취권인지 뭔지 너무 잘 친다. 경규 형은 그 특유의 또박이로 참 잘도 친다.

문제는 나였다. 오랜만에 치니 거리감이 없었고 어떤 아이언으로 공략해야 하는지도 헷갈렸다. 150m 남았다기에 6번 아이언으로 쳤더니 한참 오버되고, 180m를 5번으로 쳤더니 역시 한참 오버된다.

"이런 된장. 거리가 들쑥날쑥 감을 모르겠네."

이런 식으로 나인 홀이 끝났다. 동엽이가 일등, 내가 꼴찌다.

후반이 되니 조금 감이 잡혔다. 150m는 7번이 딱 맞고, 그 다음의 거리는 계산해서 맞춰 치니 거리가 맞아 간다.

승패는 후반에 결정이 났다.

역시 골프는 룰이 중요하다는 것을 명확하게 말해 준 홀에서 승패가 갈렸다.

서코스 8번 홀 파5홀이다. 거리가 나는 장타자의 경우 운 좋으면 투 온도 가능하기 때문에 이글도 노릴 수 있다. 다만 아일랜드 그린이라 정말 정교해야 하고, 그린 앞에는 벙커가 하마처럼 입을 벌리고 있어서 거리로만 승부 볼 홀은 아니다.

경규 형의 세컨 샷이 오른쪽 벙커로 들어가면서 서드 샷이 그린 앞 해저드에 빠졌다. 80m 남은 서드 샷을 앞두고 있던 동엽이와 나는 낄낄거리면서 내가 먼저 쳤다. 이크! 생크가 나서 나도 해저드에 빠졌다.(아~ 절호의 찬스에서 이게 뭔 짓이람.)

동엽이만 신났고, 조심스럽게 쳐서 그린 앞 우측 벙커에 들어갔다. 문제는 여기서 발생했다.

경규 형이 태연하게 국진 형을 따라 해저드를 건너갈 즈음 내

가 세 번째 샷을 했던 곳에 드롭을 하고 어드레스를 하니까 국진 형이 경규 형에게 "형, 영호는 저기에서 치는데?" 한다.

경규 형은 국진 형을 따라 해저드를 건너다 다시 내 쪽으로 와 공을 드롭한다. 나는 다섯 번째 공을 친 뒤 그린으로 올라오고, 경규 형은 내가 친 자리에서 다섯 번째 샷을 하니 이게 뭔 땡큐인가. ㅋㅋ

또 생크가 나면서 다시 해저드다. 또 그 자리에서 일곱 번째 쳤고 공은 그린에 올라와 3퍼팅을 했으니, 난데없이 양파를 한 것이다.

경규 형은 그렇게 해서 양파를 기록하며 주저앉고 말았다. 6년 만에 처음 해 보는 양파란다. ㅎㅎ

그 상황을 보고 국진 형이 웃느라 정신을 못 차린다. 경규 형은 화를 내도 웃긴다. 그래서 난 경규 형이 라운드 가자면 거부해 본 적이 없다. 너무 재밌고 좋은 선배다.

그 홀 이후 경규 형은 뼈대 없는 텐트처럼 맥없이 무너졌다. 만약 그냥 국진 형 따라 해저드를 건너 그린 근처에서 드롭을 했다면 보기나 더블보기를 했을 것이다. 아쉽지만 어쩔 수 없는 룰이다. 아마추어 대부분이 이 룰 때문에 얼굴 안 보는 사이가 된다.

경규 형이 투덜대는 모습을 보면서 다들 웃느라 정신이 없었다.

라운드 뒤에 국진 형이 외쳤다.

"영호 일등! 동엽이 이등! 경규 형 삼등! 아니 꼴등!"

캐디까지 웃는다.

암튼 경규 형과의 라운드는 늘 웃느라 즐겁고 행복하다.

표영호의 경험 Tips

해저드 앞에서 칠 때는 늘 크게 쳐야 하며, 앞 핀이라 할지라도 아마추어는 핀에 붙일 수 있는 확률이 낮기 때문에 크게 쳐야 하며, 자신 있는 스윙을 해야 한다.

해저드 룰

해저드 중앙에 빠지면 건너기 전에 드롭

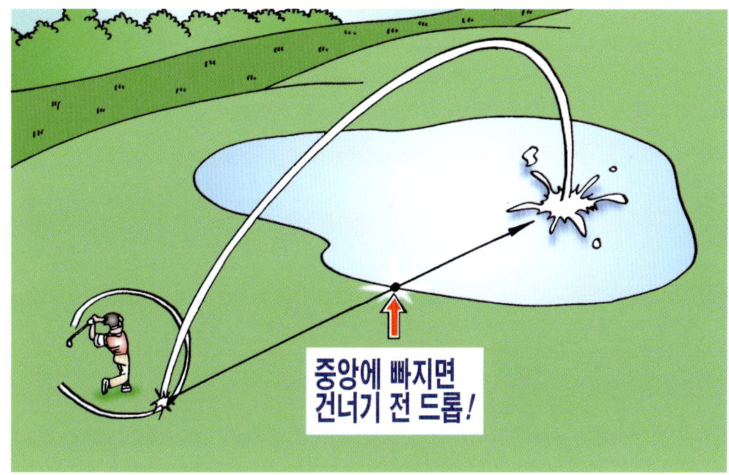

해저드 건너편 땅 맞고 들어가면 건너가서 드롭

그린의 신사 배철수

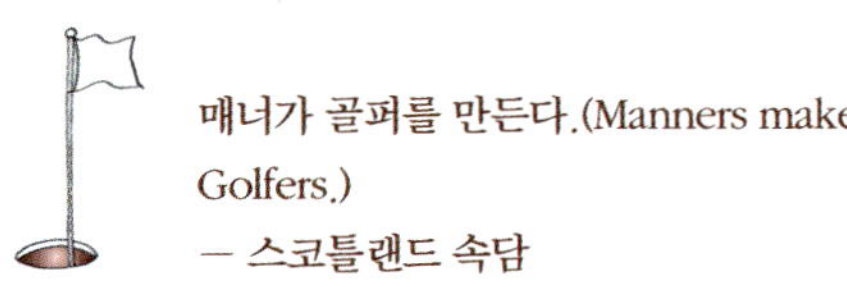

매너가 골퍼를 만든다.(Manners make Golfers.)
— 스코틀랜드 속담

나는 그분과 친할 기회도 없었으며 대화도 몇 마디 나눠 본 적이 없다.

다만 그냥 내가 어렸을 때 좋아하는 그룹 사운드 송골매의 싱어였고, 소탈한 그분의 외모에 늘 동경하고 바라보는 입장이었다.

인천 공항 가는 길에 있는 스카이72 골프장에서 라운드를 하려고 갔다가 배철수 씨를 마주쳤다. 티오프를 하려고 클럽하우스를 빠져나가는 그를 스치면서 인사를 했는데, 그 순간 어떤 사람이 "야, 배철수네. 사인 좀 해 줘. 아니면 사진 좀 같이 찍어 주든지?" 하는 거다.

배철수 씨는 살짝 난감한 표정으로 사인을 해 주고는 얼른 그 자리를 떠나는 눈치였다. 나는 정중히 인사를 했음에도 받아 주지 않고 휭 하니 가 버린 선배에게 약간의 섭섭함을 안고 우물쭈

물 서 있다가 첫 홀로 향했다.

세 홀쯤 돌았을까?

선배에게 전화가 왔다.

"표영호 씨 휴대폰이죠?"

라디오에서 들리는 바로 그 목소리였다. 나는 얼른 알아차렸다.

"예, 형님."

"아까 말이야. 네 인사를 못 받고 나와서 미안해서……."

"아녜요, 이해해요."

"그래 그래. 언제 한번 볼이나 치자. 오늘 잘 치고, 인사 못 받은 거 미안하다. 아까 정신이 없어서 그랬어."

이런 선배를 처음 봤다. 후배의 인사쯤이야 못 받고 그냥 지나칠 수도

있는데 후배 중에 한낱 어린 후배에게까지 이런 배려를 하는구나. 괜한 서운함은 언제 그랬냐는 듯 사라지고 존경심이 밀려들었다.

나는 그날 전화를 받고 난 뒤 볼이 잘 맞았고, 기분 좋게 18홀을 돌았다.

골프라는 것이 뭔가 하나가 마음이 상해도 잘 안 되는 운동이라 평상심을 잃지 말아야 한다. 싱글 골퍼가 그냥 싱글이 아니구나? 매너나 배려도 싱글이구나!

배철수라는 이름은 나에게 더 이상 가수, DJ가 아니고 신사 배철수였다.

배철수 형은 눈이 오나 비가 오나 라운드를 즐기는 사람으로 유명하다. 한번 잡힌 약속은 반드시 이행한다는 거다. 그분과 눈이 오거나 비가 올 때 공을 친 사람들은 혀를 내두른다.

형님, 언제 한번 저도 데리고 나가 주세요.

성격파 골퍼 이홍렬

꼼꼼하기로 정평이 나 있는 이홍렬 선배는 상당히 열심히 연습한다.

자기가 못 치면 왜 못 쳤는지 꼬치꼬치 스스로에게 따져 가면서 연습을 한다. 그리고 성격도 솔직히 장난 아니다.

후배들에게도 한 번의 실수를 반드시 꼭 집어 주고 고쳐질 때까지 말씀하시는 성격이라 일단 뭐 하나 얻어걸리면 홍렬 형 앞에서는 무조건 조심한다.

그런 형에게 골프가 얻어걸렸으니 골프인들 성할 리가 없다. 끙.

일단 골프는 반쯤 죽은 것이다. ㅋ

10여 년 전에 같이 라운드를 한 적이 있는데 그때는 내가 비기너이고 머리 얹은 지 얼마 되지 않았을 때라서 티샷한 공이 오비가 나거나 러프로 가기 일쑤였다.

그날도 내 공이 러프로 들어가서 그 공을 한참 동안 찾았나 보다.

홍렬 형 : 영호야, 이제 그만 나와. 뱀 나오겠다.

나 : 아니에요 이 근방 어딘데…….

얼마나 오랫동안 찾았는지 뒷팀이 올 때까지 찾은 것 같다.

그도 그럴 것이 분명 그 근방에 볼이 떨어졌는데 없는 것이다.

너무 오래 찾아서 그 홀을 양파 처리하고 다음 홀로 넘어갔다.

홍렬 형 : 너 참 끈기 있다. 대충 찾고 나오지 그걸 계속 찾고 있냐? 시간 지연도 원래는 벌타야. ㅋㅋ

이 일을 두고 홍렬 형님은 지금도 만나면 "공 찾았니?" 하고 물어보신다. ㅋ

아마도 표영호 하면 떠오르는 것이 공 찾는 모습인 것 같다.

그런데 홍렬 형은 참 신기한 게 있다. 10년이 지나도 스코어가 줄지 않는다는 것이다. 10년 전의 스코어랑 지금의 스코어랑 똑같은데 왜 늘지 않을까? 그토록 학구적이고 신중하고 탐구적인 형이 왜 늘지 않을까?

"형, 왜 아직도 백돌이죠?" 하고 여쭤보면 좋겠는데 그렇게 하면 한 대 맞을 거 같고……. 그 이유가 너무 답답하고 의아했는데 알고 보니 아주 간단했다.

누군가에게 배우지 않아서다.

그도 그럴 것이 기본적으로 예의 없는 레슨 프로를 싫어한다. 아이언을 거꾸로 든 채 허리며 팔목이며 짚어 가며 레슨하는 게 건방지다나 뭐라나…….

그리고 지나가다가 한마디 툭 던지고 가는 레슨이 맘에 안 든다며 혼자 10년을 자습만 했으니 실력이 늘 수가 있겠는가? 물론 매일 연습하고 쳤다면 늘었겠지만 어쩌다 나는 시간에 어쩌다 연습했으니 늘 리가 없는 것이다.

그런데 깜짝 놀랄 일이 생겼다.

얼마 전에 라운드를 하는데 드디어 88을 치는 것이다. 드라이버도 안정적이고 아이언도 스윙이 일정하면서 너무 잘 치는 것이 아닌가?

너무 궁금해서 여쭤봤다.

효창 골프 연습장에 있는 프로가 예의가 바르다는 것이다. 우히힛. 그 레슨 프로도 내가 잘 아는 프로인데 LPGA 최우리 선수를 레슨하는 한덕종 프로인 것이다.

한덕종 프로에게 꾸준히 1년 동안 레슨 받았는데 성의도 있고 예의도 있어서 느는 것 같다며 어린아이처럼 좋아한다. 바로 인간 이홍렬의 면모를 볼 수 있는 단적인 예가 아닌가 싶다.

골프나 방송이나 그 꼼꼼함과 그 칼칼함으로 했으니 오늘날의 이홍렬이 있을 수 있던 게 아닌가 생각한다.

홍렬 형님! 이제 퍼팅만 꼼꼼하게 하시면 싱글 골퍼가 될 수 있어요. 파이팅!

스크린 골프에 풍덩!

내 주변엔 본의 아니게 내 밥들이 있다.

1등 밥 김용만, 2등 밥 서경석, 가끔 간식으로 이경규 형. ㅋㅋ

개그맨 서경석은 핸디가 10쯤 되니까, 80대 초반을 치는 준 싱글 골퍼다.

내가 공짜로 라운드하고 싶을 때 모시고(?) 나가는 동반자 중 한 명이다. 시간이 엇갈려 자주 동반하지는 못하지만 어쩌다 시간이 맞으면 주저 없이 나간다.

필드에 나가면 항상 한두 타 차이로 내가 이겨서 왠지 보험 들고 공을 치는 기분이랄까? 아무튼 재밌는 동반자다.

그런데 이 친구가 달라졌다. 스크린 골프의 고수다. 필드에서 지고 돌아오면 여지없이 스크린 골프로 한판 붙자고 생떼를 쓴다. 스크린 골프로는 자길 이길 사람이 없다고 늘 큰소리를 치더니, 아예 스크린 골프장을 차렸다. 스케줄이 없는 날에는 스크린에서 살다시피 하며, 그와 한판 하기 위해 연예인들이 항상 즐겨 찾는 명소가 됐다.

그곳에 가면 늘 볼 수 있는 이가 또 김국진이다. 골프를 워낙 좋아하는데다가 라운드 시간에 구애 받지 않으니 아무 때나 불쑥불쑥 온다.

심지어 저녁 10시부터 시작해서 내리 몇 게임을 치면 새벽 6시가 된 적도 한두 번이 아니며, 그리고는 곧바로 녹화장으로 간 적도 부지기수다. 그러니 서경석이 얼마나 스크린을 잘 치겠는가?

필드에서라면 어린애 데리고 땅따먹기 하는 기분으로 치지만 스크린에서는 서경석에게 난 맥을 못 춘다. 아예 깨갱이다.

필드에서는 +10타인데 스크린에서는 -10타를 평균 핸디로 갖고 있다. 더더욱 가관인

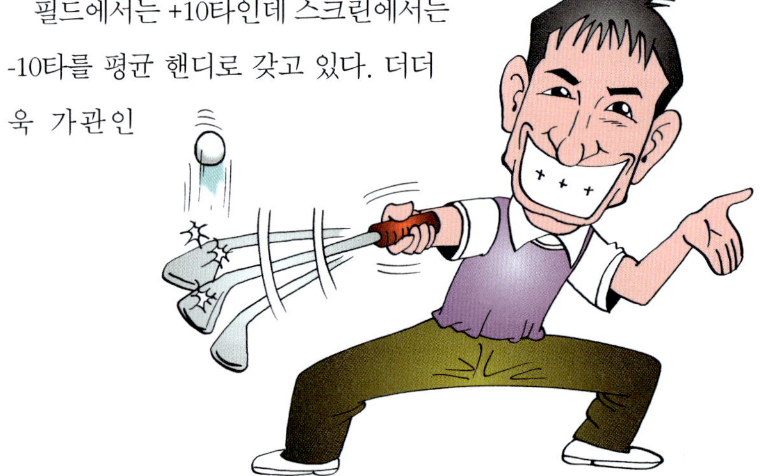

것은 김국진 형은 -13을 친다. 이런! 된장으로 흙집 지을 인간들 같으니라고……. 아마 타이거 우즈나 양용은도 이들에게 스크린으로는 안 될 것이다.

한 번은 클럽 뺏기 시합을 한 적이 있는데 아이언부터 드라이버, 퍼터까지 다 뺏겼고, 캐디백까지 빼앗긴 적이 있다. 그래서 사실 요즘 난 내 채가 없다. 서경석에게 다 뺏겼다. 얼른 필드 라운드를 잡아야 한다. 채를 다시 찾기 위해서는…….

필드에 나가지 못하는 많은 아마추어들도 스크린에서는 펄펄 나는 경우가 있다. 심지어 한 번도 필드 경험이 없는 사람도 스크린에서는 언더파를 치는 경우도 있다.

노래방 한 번 안 가 본 사람 거의 없듯 아마도 스크린 골프장도 그리 되리라 본다. 지금도 서경석이네 스크린 골프장에는 많은 연예인들이 킬링 타임용으로 스크린을 즐기고 있을 것이다.

스크린 골프가 늘지 않는 연예인들도 꽤나 있다. 그렇게나 많이 쳤는데도 늘지 않는 연예인들 명단을 공개할까?

개그맨 김용만, 김수용, 가수 쿨의 멤버 김성수.

참~ 안 는다. ㅋ

무엇을 하느냐도 중요하지만 누구와 함께하느냐도 중요하다.

스크린 골프는 친구를 사귈 수 있는 도구가 되었다.

싱글들은 스크린 골프를 인정하지 않는다

요즘 필드를 한 번도 나가 보지 않은 골퍼들도 많다.

노래방에 이어서 대한민국이 IT 강국임을 보여 주는 또 다른 히트 상품인 스크린 골프가 나왔기 때문이다.

노래방만큼의 선풍적인 히트는 아니더라도 특별히 취미 생활 없는 사람들에게는 딱 알맞은 취미가 생긴 것이요, 대인관계 또는 비즈니스에 활용되고 있다.

그런데 이 기계를 애써 외면하는 사람들이 있다.

필드의 싱글 골퍼들이다.

왜? 다른 이유 하나도 없고 단지 필드에서는 못 치는 사람이 스크린 골프에서는 언더파도 치고 싱글도 치고 하니까 인정하고 싶지 않은 데서 비롯된 것이 아닌가 싶다.

하기야 나도 스크린 골프장에서 나보다 잘 치는 싱글 골퍼들을 혼내 준 적이 많다.

스크린 골프에서 나는 요즘 보통 4~5파를 친다.

필드에서는 꿈도 못 꿀 스코어를 스크린에서는 치는 것이니 얼마나 좋은가?

스크린도 요령이 있어 그 요령을 좀 알면 치기 쉽다.

예를 들어 드라이버는 공을 가격한 뒤 채를 그대로 앞으로 뻗어 주면 센서가 채를 읽어 공이 똑바로 날아가고 다운스윙 때 헤드 스피드를 극대화하면 공을 멀리도 보낼 수 있다.

실제로 필드에서 이렇게 스윙 스피드를 올리면 아마 멀리 날아가는 것은 필드나 스크린이나 똑같을 것이다. 다만 스크린에서처럼 필드에서도 똑바로 잘 날아간다는 보장은 없지만…….

이렇듯 스크린은 약간의 경험과 요령이 있으면 금세 싱글 스크린 골퍼가 되기 때문에 많은 사람들이 좋아하고 즐겨 한다.

아이디들도 그런 것에서 비롯된 게 많이 있다.

"진짜싱글덤벼"

"또버디야?"

"버디를밥먹듯"

"눈뜨면버디"

얼마 전에 내가 진행하는 스크린골프 프로그램에서 가수 이상우 형과 배구 선수 출신의 김세진 선수가 맞붙었다.

필드에서의 골프 실력은 가수 이상우 형이 훨씬 좋다. 이상우 형은 80대 중초 반을 치는 수준급의 골퍼인데 김세진 선수는 90대 중반을 치는 비기너이다.

그런데 이 둘은 홀매치 게임에서 박빙의 승부를 펼치다 김세진 선수가 이겼다. 이상우 형이 좀 황당해 했지만 승부는 승부라서 쓴 웃음을 짓고 경기장을 빠져 나갔다.

이제 싱글들도 노래방 가듯 스크린 골프장에도 적응해서 비기너들에게 당하고(?) 살지 말아야 할 텐데…….

여러 가지로 어려운 상황에 필드를 자주 가지 못하기에 멀리 가지 않아도 되고 춥거나 덥거나 실내에서 즐기는 것이기에 골프 인구가 더 많아져 우리도 선진국처럼 온 국민이 골프를 즐겼으면 한다.

스크린 골프를 잘 치는 요령

보통의 스크린 골프는 레이저 센서로 공과 클럽 헤드를 읽기 때문에 거리와 방향을 레이저가 읽는 방향대로 클럽이 센서를 지나가게 한다면 스코어를 잘 낼 수 있다. 예를 들어 임팩이 잘 이루어졌더라도 클럽 헤드가 왼쪽으로 지나가면 화면에 나오는 공은 왼쪽으로 갈 수도 있으니 주의해야 한다.

내기 골프 왜 하나

골프를 하며 내기를 하는 것은 좀 더 잘 쳐 보려는 생각으로, 좋은 스코어를 얻고자 하는 목적과 약간의 사행성 재미를 얻고자 하는 것인데, 이것이 도가 지나치면 안 된다고 본다.

지나치면 오히려 사람 사이가 나빠질 수도 있고, 매너 없다는 핀잔 듣기 일쑤다. 그렇다고 전혀 내기를 하지 않으면 라운드의 재미를 못 느끼는 경우도 있으니 라운드할 때 긴장감 유지나 승패의 기쁨과 아쉬움을 즐기기 위해서는 소소한 내기를 할 수 있다고 본다.

내기는 절대로 잘 모르는 사람들과 하는 게 아니다. 초면에 한 조를 이뤄서 하는 라운드에 내기를 하면 서로의 핸디를 정하기도 어려울뿐더러 어쩌다 그날 잘 칠 수도 있고 또 어쩌다 형편없게 쳐서 민망할 수도 있다. 잘 치면 핸디를 속인 것 같아 미안하고, 못 치면 괜히 모양만 빠지기 때문이다. 그래서 내기는 친한

내기 골프 게임은 즐거움의 수단이어야지 도박의 수단이 되어서는 절대 안 된다.

사이끼리 친목의 개념으로 하는 것이 일반적이어야 한다.

"내기는 순수성이 결여되면 내기가 아니다. 돈이 과정이 아닌 목적이 되면 내기가 아니라 도박이다."가 나의 내기 골프의 철학이다.

그냥 골프는 가라, 내기 골프의 종류

스트로크 플레이 내기 골프의 가장 보편화된 방식으로 1타당 정한 금액을 각자의 스코어 차이만큼 주는 게임이다. 보통 하수에게 불리함을 만회해 주기 위해 핸디캡에 해당되는 타수만큼 미리 하수에게 지불하고 시작하는 것이 일반적이고, 핸디캡이 서로 비슷한 경우를 스크래치라고 한다. 일반적으로 멤버 중 한 명이 트리플 보기, 버디를 하거나 3명이 같은 스코어를 치면 다음 홀에 금액이 두 배로 올라가는 더블 판이 된다. (보통 땅판이라고도 한다.)

※ Coach : 이기려면 땅판을 만들고, 땅판에서는 실수하지 말고 칠 줄 알아야 한다. 절대로 오버 스윙을 해서는 이길 수가 없다. 확신 없는 스윙도 금물이다. 자신 있는 클럽으로 공략하라.

스킨스 게임(매치 플레이) 게임에 앞서 각자의 플레이어가 각자의 핸디만큼 차등을 주어 돈을 내놓고 한 홀 한 홀 치면서 가장 적은 타수를 친 플레이어가 가져가는 방식이다. 최저타가 두 명 이상일 경우는 다음 홀로 이월된다. 전체 홀을 통틀어 가장 많은 홀을 진 사람이 식사를, 두 번째 많이 진 사람이 캐디피를 내기도 한다. 가장 불만이 없는 게임 룰이기도 하다. 가끔 OECD(경제협력개발기구)라고 해서 OB를 내거나 벙커에 빠지면 다시 딴 돈을 다시 토해 놓는 경우도 있다. 이 게임은 자기 핸디대로 미리 낸 돈을 다시 딴 사람이 해당된다.

조폭 스킨스 변형된 스킨스 게임이다. 먹었던 돈을 트리플 보기를 하면 전 홀에 먹었던 돈을 토해 놓는다. 양파를 하면 그동안 먹었던 돈을 모두 토해 놓는다.

라스베가스 일정 금액을 홀마다 배분해 놓고 홀마다 이기는 사람이 돈을 빼 가는 스킨스 게임의 일종이다. 스킨스는 가장 낮은 타수를 친 사람이 가져가지만 라스베이거스는 2명이 팀을 이뤄 합계 타수가 낮은 팀이 가져가는 게임이다. 전 홀의 1, 4위가 한 팀이고 2, 3위가 한 팀이 되는 방식으로 매번 팀원이 바뀔 수 있고 운이 많이 좌우되는 게임이다.

이런 방식에서 좀 더 변형된 이른바 NEW라스베이거스 게임도 있다. 팀을 짜는 방법의 변형으로, 먼저 좌우 팀이 있다. 드라이버를 치고 나서 공이 떨어진 방향에 따라 좌측 2명 우측 2명이 다음 홀의 팀이 되는 방식이다.

핸디 치기 자주 동반하는 골퍼들 사이에 할 수 있는 게임으로, 절대 잘 모르는 사람들과는 해선 안 될 게임이다. 각자 자기의 핸디를 정해 놓고 핸디 안쪽을 치면 이기고 바깥쪽을 치면 지는 게임이다. 예를 들어 평균 타수가 90인 골퍼가 91타를 치면 지는 것이고, 89타를 치면 이기는 것이고, 90을 쳤다면 이기지도 지지도 않은 게임이다. 만일 네 명 모두 핸디보다 더 잘 쳤다면 모두 비기는 것이다.

오빠 삼삼해 처음 내기를 시작할 때는 돈을 걸지 않고 시작해서 오(OB), 빠(벙커), 삼(3퍼트), 삼(트리플보기 이상), 해(해저드)에 빠지는 사람들이 돈을 내고 그 홀에서 점수가 가장 좋은 사람이 그 돈을 다 가져가는 거다.

19홀 내기 골프가 끝난 뒤 보통 식사하기 전에 화투를 치는 경우가 있다. 사람들이 보통 열아홉 번째 홀이라고도 한다.

※ 이 밖에도 여러 가지 형태의 내기 골프 게임이 있으나 보편적이지 않고, 그냥 DPGA(동네골프협회)라고 해서 자기들이 만들어 치는 경우가 많다.

 나는 자치기왕이다

매너 좋은 골퍼가 되자

매너가 좋은 골퍼가 되려면 먼저 룰을 알아야 한다.

1. 순서를 지키자

골프장에 가면 첫 홀에 순서를 정하는 막대가 있다. 그 막대에
는 줄이 그어져 있는데 한 줄, 두 줄, 세 줄, 네 줄짜리가 있고 그
것을 뽑아 오너를 뽑고 그 순서대로 치면 된다.

두 번째 홀부터는 전 홀에 잘 친 사람이 오너가 되어 순서가
정해진다. 성질 급해서 또는 잘 칠 자신이 있어서 먼저 치면 참
~ 매너가 없죠~ 잉.

티샷 후에는 볼이 홀에서 멀리 떨어져 있는 사람이 먼저 친다.

방향에 상관없이 홀에서 먼 사람이 치는 것이 경기 진행과 안
전에 도움이 된다.

2. 입 닫아 줄래요?

다른 사람이 플레이할 때 정숙해 주는 것이 기본이다.

골프는 핑계가 많은 스포츠라 그 핑계가 본인에게 오지 않도록 행동을 멈추고 상대가 편안하게 스윙할 수 있도록 정숙해 주는 것이 기본이다. 그리고 상대방의 플레이를 지켜보다가 멋진 샷을 하면 '나이~샷'을 외쳐 줄 줄도 알아야 하고, 생크나 오비가 나면 '안~돼~~~~!'를 외쳐 줄 줄도 알아야 한다.

3. 경기 속도를 맞춰 주어야 한다.

앞뒤 팀과 거리를 유지해 가면서 진행되어야 하는데 잘 쳐 보려고 시간을 많이 지연하게 되면 프로들은 벌타나 심하면 실격을 당하지만 아마추어는 친구를 잃는다.

그래서 차례가 오면 바로 칠 수 있는 준비를 해야 하고, 동반자가 컨시드를 주면 감사하게 받고 볼을 집어 들어야 한다. 홀 아웃 뒤에는 그린에서 퍼팅 연습을 하지 않는 것이 좋다. 특히 과다한 연습 스윙은 플레이를 망치므로 주의해야겠다.

4. 벌타를 깨끗하게 받자.

여의치 않아 드롭을 하게 되는 경우가 있다.

화단에 들어갔다든지 해저드에 빠졌다든지 로스트 볼이 생길 경우 드롭을 하게 되는데 대충 좋은 데 놓고 치는 사람들이 있다.

비즈니스 골프에서는 좋은 데 놓고 치라고 하지만 내기 골프의 경우 그렇게 하면 욕먹는다. 드롭은 드롭 지점에서 어깨 높이로 팔을 든 뒤 자유 낙하시켜서 떨어진 지점에서 치면 된다.

내가 좀 치기 어려운 곳이라 하더라도 그곳에 드롭을 하고 치면 동반자로 하여금 매너 좋다고 칭찬 들을 수 있는 것이다.

한 타를 잃어도 사람은 잃지 않는 골프, 그것이 중요하다.

5. 캐디에게 모든 탓을 돌리지 말자.

거리를 물어보거나 그린에서 라이를 볼 때 잘 안 되면 캐디 탓을 하는 경우가 허다하다. 캐디는 조언자일 뿐 모든 플레이에 대한 책임은 자신이 지는 것이다.

괜한 캐디에게 꽂혀서 하루 라운드를 망치는 경우가 있는데 이 책을 읽은 분들은 그러지 않기를 바랄 뿐이며, 이 책을 읽지 않은 골퍼들은 그러든지 말든지…….

6. 그린에서 마무리를 잘하자.

공은 신속하게 마크해 줘야 하며 캐디가 닦아 줄 때까지 기다렸다가 괜히 동반자의 볼이 자신의 볼을 맞히기라도 하면 동반자가 2벌타를 받게 된다. 그리고 나서 내 공은 여기 있었네, 저기 있었네 하며 실랑이하게 되는데 그런 일을 방지해야겠다.

또 남의 공 라인을 밟거나 그림자를 드리우는 것도 참 어이없는 일이니 주의한다. 자신이 홀 아웃을 했다고 먼저 홀을 휙 떠나는 경우가 있는데 동반자 전원이 홀 아웃을 할 때까지 그린 주변을 지키는 것도 예의다.

이 밖에도 여러 가지 소소한 예의들이 있는데 그것은 사람이 살아가는 관례에 따른 것이니 기본적으로 상대방을 배려할 줄 안다면 그것이야말로 좋은 골퍼 매너 좋은 골퍼라 하겠다.

골프를 잘 치는 것도 중요하지만 룰과 매너에 익숙해지면 골프는 자연스럽게 잘 칠 수 있는 것이라 생각하면서, 이 책을 읽어 주신 독자 여러분들의 인생에 홀인원을 기원합니다.

골프 실력을 높여 주는 골프레칭

relax

- **제자리 걷기** 몸의 긴장을 풀어 주고 원활한 스윙을 만드는 데 도움을 준다.
- **상체 기울기** 옆구리와 허리의 긴장을 풀어 주고 스윙 시 중심 잡기에 중요한 몸통 강화에 도움을 준다.
- **전신 뻗기** 온몸의 긴장을 완화시키므로 움직임의 범위를 크게 만들어 주고 파워풀한 스윙에 도움을 준다.
- **전신 기울기** 전신의 긴장을 완화시키고 스윙 시 상체의 회전 범위를 늘리는 데 도움을 준다.

balance

- **다리 뻗기** 다리에 자극을 주면서 어깨의 움직임 범위를 크게 만들어 주므로 손상을 예방하고 안정된 스윙에 도움을 준다.

- **상체 누르기** 허리와 다리를 늘려 줌으로써 요통을 방지하고, 어드레스부터 스윙까지 안정된 자세 유지에 도움을 준다.

- **어깨 흔들기** 어깨, 허리, 팔을 자극하고 늘려 줌으로써 스윙을 일관되고 정확하게 만들어 줄 뿐 아니라 파워풀한 스윙에도 도움을 준다.

- **팔 휘젓기** 팔과 어깨를 늘려 줌으로써 스윙을 원활하게 만들어 주고 어깨 관절 손상을 예방할 수 있다.

pre-shot

- **상체 틀기** 스윙 시 하체를 안정시키고 몸통이 움직일 수 있는 범위가 넓어져 스윙이 원활해진다.

- **전신 틀기** 골프 특유의 스윙 동작을 유도함으로써 스윙 시 중심 잡기에 중요한 복부, 허리, 힙의 강화에 도움을 준다.

- **전신 돌리기** 골프 특유의 스윙 동작을 유도함으로써 스윙 시 더욱 큰 아크를 만드는 데 도움을 준다.

- **스윙하기** 백스윙부터 피니시까지 실제 스윙 패턴대로 움직임으로써 스윙이 일관성 있고 원활해진다.

재미있는 골프 은어

- **일파만파** 첫 홀에서 한 명이 파를 하면 나머지 동반자들도 모두 파로 스코어 카드에 기록하는 것.
- **무파만파** 첫 홀에서 아무도 파를 못했더라도 동반자 전부를 파로 기록하는 것.
- **초식불길** 스킨스 게임을 할 때 첫 홀에서 먹으면 남은 홀 내내 운이 따르지 않는다는 악담의 일종.
- **아우디** 연속 4개 파.
- **올림픽** 연속 5개 파.
- **주사파** 주 4회 라운드하는 사람
- **CBS** 캐디와 그만 노닥거리고 비키세요.
- **TBS** 그만 찾고 비키세요.
- **택시** 캐디가 라이도 일러 주고 어떻게 치라고 알려주었는데 자기 멋대로 고집을 부리다가 엄청 빗나갔을 때.(택도 없다 C발 놈아)

- **버스** 앞팀과 시간차가 나면 안 되는데 잃어버린 공을 찾느라 시간 끄는 골퍼들에게(버리고 가 S벌놈아)
- **MS** 컨시드 받을 거리도 아닌데 자기 맘대로 주워서 홀 아웃할 경우(마크해 C발놈아)
- **집시** 볼이 홀컵에 붙었거나 컨시드를 줬는데 공을 안 집어 들고 시간 끌 때(집어 C발놈아)
- **CEO** 엣지에 올려놓고 의기양양한 골퍼에게(C발놈 엣지도 온 그린이냐?)

캐디만 아는 은어

- **아가씨** 가라(연습) 스윙을 여러 번 하는 골퍼들에게 앞 팀과 간격이 벌어진 캐디가 하는 말(아직도 가라 스윙하냐 C발놈아)
- **섯다맨** 꼼짝하지 않고 서서 클럽을 가져오라고 다그치는 골퍼.
- **피아노맨** 애인을 데리고 와서 애정 행각을 벌이시는 분들(피아노 치듯 너무 더듬어서).

골프 치면서 내가 돌아버렸을 때

라운드 후 집에 가는 길에 신호등에 걸린 동반자 차 옆에 세웠더니 내게서 딴 돈 세고 있다. 연습의 의지를 불태우게 하는 기막힌 승자의 기쁨과 패자의 쓰린 장면이다.

골프의 저렴한 매너

- 늦지 말고 일찍 오라고 며칠 전부터 전화해 대더니 지가 늦는 nom
- 매일 자기도 끼워 달라고 졸라서 끼워 줬더니 하루 전날 전화해서 "나 못 가." 하는 nom
- 제 차는 죽어라고 안 가지고 오면서 집 앞에까지 꼭 데리러 오라고 하는 nom
- 볼도 확인하지 않고 좋은 자리에 있는 볼만 냅다 치는 nom
- 지갑 로커에 두고 왔다고 돈 좀 빌려 달라고 해서 돈 내기 한 뒤 따면 갚고 잃으면 시치미 떼는 nom
- 남이 드라이버 바꾸면 꼭 쳐 보자고 우겨서 흠집 내는 nom
- 자기 타수는 잘못 세면서 남의 타수는 죽어라 세고 다니는 nom
- 안 맞으면 세상이 끝난 것처럼 자학하는 nom
- 호주머니 속에 예비 볼 하나 안 가지고 다니면서 OB 내면 남의 공 빌려 쳐 놓고 안 갚는 nom
- 남들 퍼팅할 때 저 혼자 시끄럽게 옆에서 연습하는 nom
- 저 혼자 스스로 OK 하면서 볼 집어 드는 사람
- 누가 잃고 땄는지 그런 것만 계산하는 nom
- 라운딩 끝나고 신발도 안 털고 로커룸에 가는 nom
- 남 몰래 일찍 와서 비싼 밥 먹고 커피 마시고 나중에는 1/n

해야 된다고 큰소리치는 nom

- 남이 따면 이왕 늦었으니 밥 먹고 가자 하고, 지가 따면 길 이 밀릴 테니 그냥 빨리 가자는 nom
- OK 받은 건 타수에서 빼고 계산하고 서 돈 계산하는 nom

필드에서 잘 못 쳐도 다섯 타 줄이는 방법

하나, 일찍 도착해서 몸을 푼다.

두울, 뭔가 보여 주려 하지 말자.

셋, 드라이버 거리 안 난다고 투덜대지 말자.

넷, 세컨샷 온 되지 않았다고 짜증내지 말자.

다섯, 내리막 퍼팅 버디 노리지 말자.

이렇게 하면 확실히 다섯 타는 준다.

골프와 친해지는 골프 용어

가드 벙커 Guard Bunker
그린을 지키듯이 그린 주변을 둘러싸도록 만든 벙커.

규정 타수
홀의 기준 타수. 쇼트 홀은 3, 미들 홀은 4, 롱 홀에서는 5로 정해져 있으며 홀 아웃할 때까지 기준이 되는 타수를 말한다. '파(Par)'와 같은 말.

그늘집
시원한 그늘에서 좀 쉬었다 간다는 의미에서 그늘집이라 한다. 음식이나 음료수로 영양 보충을 하는 곳이다.

그랜드 슬램 Grand Slam
프로 골프계의 4대 대회인 마스터즈, 전미 오픈, 전영 오픈, 전미 프로 선수권에서 전부 우승하는 것을 말한다.

그로스 Gross
스코어에서 핸디캡을 빼기 전의 숫자. 핸디캡을 뺀 후의 숫자는 '네트 = Net'.

그린 Putting Green
퍼트를 하기 위해 만들어진 잔디가 짧게 깎여 있고 홀이 있는 구역. 정식 이름은

'퍼팅 그린' 이다.

그린 포크 Green Pork
볼의 낙하로 인해 그린 위에 움푹 들어간 자국(볼 자국)을 없애는 도구. 플레이어 스스로 지참하며, 자신이 만들어 놓은 자국은 스스로 없애는 것이 에티켓이다.

그립 Grip
골프 클럽의 손잡이 부분 또는 클럽을 쥐는 방법. 그립의 소질은 고무나 가죽, 말가죽 등이 있다.

글래스 벙커 Grass Bunker
모래 대신 길게 자란 잔디가 있는 습지. '벙커' 라고 불리지만 해저드에는 없고 스루 더 그린의 일부다.

기어 효과
클럽 페이스에 맞는 부위에 따라 볼에 회전이 가해지는 것. 토우에 맞으면 훅, 힐에 맞으면 슬라이스가 된다.

나이스 샷 Nice Shot
잘 맞은 샷에 대한 칭찬의 말. 본래는 어려운 샷을 성공시켰을 때 사용하는 말로, 해외에서는 '굿 샷' 이나 '뷰티풀 샷' 이라고 한다.

네버 업, 네버 인 Never up, Never in
'홀까지 도달하지 않은 볼은 홀에 들어가지 않는다.' 라는 격언.

네트 Net
18홀의 총타수(그로스)의 스코어에서 핸디캡을 뺀 스코어. 네트 = 순수, 그로스 = 총수.

노 터치 No Touch
인 플레이 중에 볼을 건드리지 말고 있는 그대로의 상태에서 플레이하는 것을 뜻하는 일본식 영어. 정확한 표현은 'Play as it lies' 이다.

니어 핀 Near Pin
쇼트 홀에서 첫 번째 샷을 얼마나 핀에 가깝게 날리는가를 겨루는 경기. '니어
(투)더 핀' 의 약어. 일본에서는 '그린에 올려야만 한다' 는 조건이 있다.

니어리스트 포인트 Nearest Point of Relief
규칙에 근거하여 볼을 집어 들고 드롭이나 플레이스를 할 때, 그 허용 범위를 정
한 기점이 되기 위한 장소. 홀에 근접하지 않고 원래 있던 볼의 위치에서 가장
가까운 지점을 말한다.

다운 블로 Down Blow
클럽 헤드가 스윙 궤도의 최하점에 도달하기 전에 볼을 쳐내는 방법. 아이언으
로 치기에 적당한 타구법이다. 반대어는 '업 블로'.

다운스윙 Down Swing
톱 스윙에서 임팩트까지의 스윙 동작.

다운 힐 라이 Down hill Lie
왼발이 아래로 내려가는 내리막 경사.

더블 보기 Double Bogey
규정 타수보다 2타 많은 타수. 18홀 모두 더블 보기로 돌면 스코어는 108이 된
다. 초급자는 먼저 이 스코어를 목표로 하는 것이 좋다.

더블 파 Double Par
규정 타수의 2배인 타수로 홀 아웃하는 것.

더퍼 Duffer
실력이 없는 골퍼 또는 초급자. '더프(Duff)' 는 '공을 헛치다' 는 의미.

더프 Duff

볼의 앞에 있는 지면을 치는 미스 샷. 반대로 볼의 윗부분만을 치는 것은 '톱'.

덕 훅 Duck Hook
급한 각도로 구부러지는 훅 볼. 클럽 페이스가 완전히 클로즈드 페이스가 되었을 때 잘 나타나는 현상이다. '치핑'이라고도 하며, 반대어는 '바나나 볼'.

도그 렉 Dog-Leg
페어웨이가 개의 뒷다리처럼 좌우로 크게 구부려져 있는 홀.

드로우 볼 Draw Ball
볼이 낙하하는 동안 완만하게 왼쪽으로 구부러지는 샷. 반대어는 '페이드 볼'.

드롭 Drop
워터 해저드나 보수지에 들어갔을 경우에 룰에 근거하여 볼을 집어들고 정해진 지점에 떨어뜨리는 것. 플레이어 본인이 그린 방향을 향해 수직으로 서서 팔을 지면에 수평으로 펴고 어깨 높이에서 볼을 떨어뜨리는 방법으로, 다른 방법으로 드롭하면 1벌타가 부가된다.

드라이버 Driver
1번 우드. 거리를 가장 많이 내고 싶을 때 사용된다.

드라이빙 아이언 Driving Iron
1번 아이언. 아이언 중에서는 로프트가 가장 많이 서 있어서 거리는 나오지만 방향 컨트롤이 어렵다.

디봇 Divot
아이언 샷 등으로 떨어져 나간 잔디. 지면에서 완전히 떨어져 나갔으면 루스 임페디먼트가 되고 원래대로 되돌려 놓는 것이 매너다. 떨어져 나간 자리를 '디봇 자국'이라고 한다.

딤플 Dimple
볼의 표면에 패인 작은 자국. 딤플이 있음으로써 볼이 안정되게 높이 난다. 딤플은 보조개를 뜻한다.

라이 Lie

볼이 있는 지점 주변의 잔디나 지형 상태. 볼이 치기 쉬운 지점이라면 '좋은 라이' 라는 표현을 한다.

래터럴 워터 해저드 Lateral Water Hazard

홀과 평행으로 배치된 강 등 후방에서 드롭할 장소가 없는 워터 해저드를 말한다. 구역 표시는 빨간색 말뚝으로 한다.

러닝 어프로치 Running Aproach

볼을 굴러서 핀 옆까지 옮기는 어프로치 기술. 일반적으로는 사용하는 클럽은 잔디가 짧은 곳은 퍼터, 그 이외에서는 미들 아이언(6~7번)을 사용한다.

러프 Rough

스루 더 그린에서 페어웨이 이외의 장소로 잔디가 길게 자라 있는 구역.

런 Run

볼이 착지해서 굴러가는 것. 굴러가는 거리가 많을 때 '런이 나왔다' 라고 한다.

레귤러 티

일반 남성용 티 그라운드. 또 백 티는 코스의 정식 티, 프론트 티는 시니어, 레이디스 티는 여성용 티이다.

로스트 볼 Lost Ball

분실구. 중고 볼이라는 의미로 사용되는 경우도 있다.

로컬 룰 Local Rules

본 규칙과는 별도로 골프장이나 코스 별로 정해 놓은 룰. 로컬 룰은 본 규칙에 우선한다.

로프트 각 Loftangle

클럽 페이스의 기울기 각도를 말한다. 샤프트를 수직으로 세웠을 때 클럽 헤드의 타구면(클럽 페이스)이 수직으로 기울어져 있는 정도. 각도가 클수록 타구는

롱 홀 Long Hole
기준 타수(파)가 5인 홀. 남성은 431m 이상, 여성은 367~526m인 홀. '파5홀'이라고도 한다.

루스 임페디먼트 Loose Impediment
코스 내에 있는 나뭇가지, 작은 돌, 낙엽, 벌레 등의 자연물 중 지면에 고정되어 있지 않은 것.

리플레이스 Replace
볼을 원래의 위치에 두는 것. 또 볼을 바꿀 때에는 원래의 위치에 두었어도 '플레이스'가 된다.

링크스 코스 Links Course
일반적으로 해안에 가까운 초원 상태의 코스. 자연 지형을 그대로 살린 골프 본래의 코스로, 영국이나 스코틀랜드에 많다. 페어웨이 군데군데 작은 언덕이나 포트 벙커가 위치하며, 바람이나 비, 기온 등 자연 영향을 받기 쉬운 코스다. 세인트 앤드류즈 올드 코스, 뮤아필드, 로얄 비버풀, 가와나 호텔 등이 유명하다.

마스터즈 골프 토너먼트
세계 4대 메이저 대회 중 하나로, 구성 보비 존스(1902~1971)가 창설한 미국 조지아 주 어거스트 내셔널 골프 클럽에서 열린다. 매년 4월 첫 번째 주 주말, 전년도 각 대회 상금 랭킹 상위자나 메이저 타이틀 우승자 등이 모이는 골프의 제전.

마커 Marker
스트로크 플레이에서 플레이어의 스코어를 기록하는 사람. 어테스터.

마크(Mark)하다
그린 위 같은 곳에서 볼을 집어들 필요가 있을 때 볼이 있었던 장소를 표시해 두는 것. 코인 등으로 표시하며 '볼 마커'라고 한다. 마크할 때는 공의 위치에서 약 1cm 정도 뒤에 공에 닿지 않게 하는 것이 룰이다.

마킹 Marking
클럽의 타면(클럽 페이스)에 새겨진 골.

매치 플레이 Match Play
각 홀마다 승부를 결정하는 경기 방식.

  싱글 : 1대 1로 경기한다.

  쓰리 섬 : 1대 2로 경기한다. 양 사이드에서는 각 1개씩의 볼을 사용한다.

  포 섬 : 2대 2로 경기한다. 양 사이드에서는 각 1개씩의 볼을 사용한다.

  쓰리 볼 : 3명이 서로 대항하고 각각 자신의 볼을 사용한다.

  베스트 볼 : 1대 2 중에서 보다 좋은 쪽의 스코어(또는 3명 중에서 가장 좋은 스코어)로 경기한다.

  포 볼 : 2명 중에서 좋은 쪽의 스코어와 별도의 두 사람 중에서 좋은 쪽의 스코어로 경기한다.

멀리건 Mulligan
긴장되는 아침 첫 번째의 티샷을 미스했을 때, 이 미스 샷을 카운터하지 않고 페널티 없이 다시 칠 수 있는 프라이빗 룰. 보통 비즈니스 골프에서 많이 볼 수 있는데 이런 짓 자꾸 하면 늘지 않는다.

미들 홀
기준 타수(파)가 4인 홀. 남성은 230~430야드. 여성은 193~366야드인 홀. 외국에서는 '파4홀' 이라고 한다.

백스윙 Back Swing
클럽을 뒤로 빼서 들어올리는 동작. 테이크백은 일본식 영어.

백스핀 Back Spin
볼이 날아가는 방향과 반대로 회전하는 것. 그린에 떨어진 볼을 정지시킬 때에 사용한다.

백 티 Back Tee
통상의 플레이에서 사용하는 레귤러 티보다 후방에 있는 티잉 그라운드. 주로 파란색 마크로 표시되어 있다. 클럽 경기나 프로 토너먼트에서 사용하는데 보통의 라운드에서 사용하는 경우에는 캐디 마스터의 허가가 필요하다. 미국에서는 타이거 티라고도 한다.

버디 Birdie
규정 타수보다 1타 적은 스코어로 홀 인하는 것. 예) 파4인 홀에서 3타로 홀 인하는 경우.

버피 Baffy
4번 우드. '때리다' 라는 의미의 스코틀랜드어 'Baff' 가 어원.

벙커 Bunker
코스 내 모래로 된 웅덩이. 해저드의 일종.

벙커샷 Bunker Shot
볼을 벙커에서 치는 샷. 모래와 볼을 함께 쳐 낸다. 익스플로전(폭발) 샷이라고도 한다.

베어 그라운드 Bare Ground
잔디 등이 나지 않은 맨땅. '베어(Bare)' 는 '맨몸의', '노출하다' 등의 의미.

보기 Bogey
해당 홀을 파보다도 1타 많은 타수로 끝내는 것.

볼 Ball
골프 볼의 규격은 직경 4.11cm보다 크고, 45.93g보다 가볍다.

볼 자국
볼이 그린에 떨어졌을 때 생긴 흔적. 언제라도 없앨 수 있다. 원어 그대로 볼 마크(Ball Mark)라고 해도 된다.

블라인드 볼 Blind ball
티잉 그라운드에서 그린이나 코스 앞쪽이 잘 보이지 않는 홀.

비기너 Beginner

초급자. 다음 단계를 '애버리지 골퍼'라고 하나 초급자와의 경계는 정해져 있지 않다.

비지터 Visitor

회원제 코스에서 회원의 소개로 플레이하는 비회원. '게스트'라고도 한다.

사이드 스핀 Side Spin

볼의 옆 회전. 이 회전이 있기 때문에 슬라이스와 훅이 일어난다.

샌드웨지 Sand Wedge

진 사라젠이 고안한 벙커 전용 아이언 클럽. 벙커에서 탈출하기 쉽도록 솔을 두껍게 했고, 바운스(Bounce : 솔의 돌출 부분)를 더 돌출시켜 로프트를 크게 한 것.

생크 Shank

공을 헤드가 아닌 헤드 목에 맞히는 경우 생긴다. 즉 샷을 할 때 볼을 클럽 헤드와 샤프트의 접합 부분으로 쳐서 볼이 오른쪽으로 날아가는 것. '소켓'.

샤프트 Shaft

클럽의 손잡이와 헤드의 중간 부분.

서든데스 Sudden-death

규정 홀에서 승부가 가려지지 않을 경우에 한 홀씩 승부가 날 때까지 플레이하는 방법.

서브 그린 Sub Green

목적 외 그린. 그린이 2개 있는 코스에서 사용하지 않는 그린이나 연습 그린. 룰에 따르면 스루 더 그린이 된다.

서비스 홀 Service Hole

거리가 짧고 파를 하기 쉬운 홀.

솔 Sole

클럽 헤드의 아랫부분. 볼을 치기 위해 클럽을 지면에 대는 것을 '솔한다' 라고 말한다.

쇼트 Short

그린이나 홀에 닿지 않는 미들 샷. '쇼트했다' 라고 표현된다. 반대는 '오버'.

쇼트 게임 Short Game

풀 스윙으로 하지 않고 그린 주변의 어프로치나 하프 스윙의 샷으로 하는 게임.

쇼트 컷 Short Cut

도그 렉의 홀 등에서 나무 위를 넘는 등으로 가까운 길을 찾으려는 전략.

쇼트 홀 Short Hole

파3의 홀. 여성은 193m, 남성은 230m 미만. '파3홀' 이라고도 한다.

수리지 Ground Under Repair

코스 내의 보수 중인 구역. 통상, 파란색 말뚝이나 흰색 선으로 둘러서 표시한다. 표시가 없어도 그린 키퍼가 만들어 놓은 구멍이나 이동을 목적으로 일시적으로 물건을 놓아둔 구역도 수리지로 간주된다.

스루 더 그린 Through the Green

플레이하고 있는 홀의 티잉 그라운드와 그린, 해저드 이외의 모든 코스 구역, 즉 페어웨이와 러프.

스루 플레이 Through play

프론트 나인을 플레이한 후에 식사나 휴식 시간 없이 이어서 백 나인을 플레이하는 것. 해외에서는 이것이 보통의 플레이 방법이다.

스웨이 Sway

스윙할 때 허리의 위치가 좌우로 돌아가는 것.

스위트 스포트 Sweet Spot

클럽 헤드의 중심점. 볼이 가장 잘 날아가는 부분. '심' 이라고도 한다.

스윙 Swing
볼을 치기 위해 클럽을 휘두르는 동작. 스윙의 흐름은 '어드레스 → 백스윙 →
톱스윙 → 다운스윙 → 임팩트 → 팔로우 → 드로우 → 피니시'로 구성된다.

스퀘어 스탠스 Square stance
양쪽 발끝을 연결하는 직선이 비구선과 평행이 되도록 하는 스탠스 자세.

스크래치 Scratch
핸디캡 없이 플레이하는 것. 또 핸디캡이 0인 플레이어를 '스크래치 플레이어'
라고도 한다.

스타이미 Stymie
볼과 홀을 연결하는 직선상에 나무나 산 등의 장해물이 있어서 방해가 되는 상태.
본래는 방해가 되는 볼을 말한다.

스탠스 Stance
볼을 향해 어드레스했을 때 취하는 발의 위치.

스트로크 Stroke
볼을 치겠다는 의사를 가지고 클럽을 전방으로 움직이는 것. 연습으로 흔들 때
치겠다는 의사가 있었을 경우에는 스트로크가 된다. 연습 스트로크가 볼에 맞았
을 경우는 스트로크가 아니다.

스트로크 플레이 Stroke Play
정해진 코스의 총타수(그로스 스코어)나 총 타수에서 핸디캡을 뺀 수(네트 스코
어)로 승패를 정하는 게임. 가장 적은 스코어를 낸 사람이 우승이다.

스파이크 자국
스파이크 슈즈를 끌면서 걸어 그린에 생긴 긁힌 자국. 룰에서는 플레이 중에 없
애는 것을 금지하고 있으므로 홀 아웃 후에 없애는 것이 매너다.

스푼 Spoon
3번 우드. 숟가락이라는 뜻으로, 우드의 중앙 부분이 들어가서 러프 등에 빠진 볼
을 떠올리기 위해 사용되었다.

스핀 Spin

볼의 회전. 볼을 컨트롤하는 데 가장 중요한 요소 가운데 하나다.

슬라이스 Slice

오른쪽으로 휘어지는 타구. 오른손잡이의 경우 샷을 한 볼이 도중에 오른쪽으로 크게 구부러지는 것. 백스윙이 아웃에서 인으로 칠 경우 생긴다. 초급자에게서 많이 나타나는 현상이다. 궤도의 모양이 바나나 모양 같다고 하여 '바나나 볼'이라고도 부른다.

슬라이스 그립 Slice grib

의도적으로 슬라이스 볼을 칠 경우에 잡는 그립법. 왼쪽 손등이 아래를 향하고 오른쪽 손등은 위로 향하게 잡는 방법. 왼손의 힘이 강한 사람에게 적합하다. '위크 그립'이라고도 한다.

시니어 Senior

일본에서 아마추어는 55세 이상, 프로 세계나 미국에서는 50세 이상의 골퍼를 말한다.

아웃 Out

18홀 내의 전반 9홀. 옛 잉글랜드에 있던 해변 코스는 전반 9홀이 그라운드 하우스에서 멀리 떨어져 있어서 후반 9홀은 유턴해서 되돌아오도록 설계했다. 그 이름에 연유해 전반을 '아웃(Going Out의 약자)', 후반을 '인(Coming In의 약자)'이라고 부르게 되었다. 미국에서는 프론트 나인(아웃), 백 나인(인)이라고 한다.

아웃사이드 인 Outside In

백스윙을 할 때에는 클럽 헤드가 비구선보다 바깥쪽에 있고, 다운스윙을 할 때는 안쪽으로 들어오는 스윙 궤도로, 슬라이스 볼이 나오기 쉽다. 초급자에게 많이 나타나는 현상이다.

아웃 오브 바운드 Out of Bounds

OB를 말하는 것으로, 흰색 말뚝과 흰색 선으로 구분되어 있으며 플레이가 허용되지 않는 구역을 말한다. 볼이 이 지역으로 들어가면 1벌타를 부가받고 전의 위치에서 다시 치게 된다.

아이언 Iron
클럽 헤드가 금속 블러드로 된 클럽. 목표를 확실하게 겨냥하고 싶을 때 사용한다. 통상 3~9번과 PW(피칭웨지), SW(샌드웨지)를 합쳐서 9개가 있다. 1~3번을 롱 아이언(장거리용), 4~6번을 미들 아이언(중거리용), 7~9번을 쇼트 아이언(단거리용)이라고 한다.

어게인스트 Against
앞에서 불어오는 바람을 뜻하는 일본식 영어. 해외에서는 'Head Wind(헤드 윈드)' 라고 한다.

아마추어 사이드 Amateur Side
그린이 좌우로 경사져 있고 홀 아래쪽을 지나는 퍼트 라인. 이 라인에서 친 볼은 절대로 홀 인 할 수 없다. 반대로 홀 위쪽으로 지나가는 라인을 '프로 사이드' 라고 한다.

알리손 벙커
깊고 벙커 턱이 돌출된 벙커. 영국의 코스 설계자 찰스 알리손이 즐겨 만들었던 벙커. 알리손이 설계한 카와나 호텔의 10번 파3(143야드)은 그린이 5개의 알리손 벙커로 둘러싸여 있다.

알 앤 에이 R&A
로얄 앤 에인센트 골프 클럽(Royal and Ancient)의 약자. 영국클럽협회를 말한다. 미국골프협회(USGA)와 함께 골프 룰을 관리 감독하고 있다.

알바트로스 Albatross
규정 타수보다 3타 적은 타수로 홀 아웃하는 것. 영국인이 이렇게 불렀다. 의미는 '바보새' 라는 뜻이다. 같은 의미로 '더블 이글' '골든 이글' 이라고도 한다.

야디지 Yardage
야드(Yard) 단위로 표시한 코스나 홀의 거리. 골프에서는 거리 단위로서 일반적으로 야드가 사용된다. 1야드는 약 0.914m.

야디지 포스트 Yardage post

그린까지의 거리 기준이 되는 말뚝이나 나무. 야드 말뚝. 100야드, 150야드, 200야드 단위로 설치되어 있는 것이 일반적이다.

언더 파 Under Par

18홀의 표준 타수(파72)보다 적은 스코어로 홀 아웃하는 것.

언듀얼레이션 Undulation

경사, 코스의 기복, 그린이나 페어웨이가 파도처럼 굴곡을 이루고 있는 것. 세인트 앤드류스 올드 코스의 페어웨이가 유명하다.

언플레이어블 Unplayable

볼이 나무 밑 등이나 깊은 덤불 속 등으로 들어가서 현재의 상태로 플레이를 계속할 수 없을 때 언플레이어블을 선언해서 1벌타를 부가받고 플레이를 계속할 수 있는 구제 처리.

어드레스 Addressing the Ball

볼을 치기 위해 스탠스를 결정하고 클럽을 솔하면서 준비하는 것. 단, 해저드에서는 스탠스를 정하는 시점에서 어드레스한 것으로 간주한다. 어드레스 후에 볼이 움직였을 경우, 1벌타를 받고 리플레이스해서 플레이를 계속한다.

어드바이스 Advice

플레이 중에 어떤 결정이나 클럽의 선택, 치는 방법 등에 영향을 줄 수 있는 조언. 어드바이스는 자신의 캐디에게만 받을 수 있고, 그 밖의 사람에게 받았을 경우는 가르쳐 준 사람이나 어드바이스를 받은 사람이나 모두 2벌타를 받는다. 깃대의 위치, 그린까지의 거리나 방향 등, 주지의 사항은 어드바이스가 아니다.

어테스트 Attest

스트로크 플레이에서 경기 종료 후에 동반 플레이어에게 스코어가 정확했는지 확인한 후 서명을 받는 것. 이 서명을 잊어버리면 경기 실격이 된다.

어프로치 Approach

그린 주변에서 홀을 겨냥해 치는 샷. 피치 샷, 피치 앤드 런, 러닝 샷 등 치는 방법은 3가지가 있다.

업 앤 다운 Up and Down

코스나 페어웨이의 기복을 가리키는 말.

에그 프라이 Fried Egg

벙커에 낙하한 볼이 반 정도 모래에 박혀서 마치 계란 프라이처럼 보이는 것.

에이지 슈트 Age Shoot

자신의 나이보다 적은 스코어로 18홀을 라운드하는 것. 모든 골퍼의 꿈이기도 하다. 세계의 프로 경기에 있어서 최연소 기록은 65세(기네스북).

에지 Edge

그린이나 벙커의 가장자리. 클럽 페이스와 솔과의 접점을 가리키기도 한다(리딩 에지).

에티켓 Etiquette

플레이를 할 때 최소한으로 지켜야 하는 예의. 골프 원칙의 제1장은 에티켓에 대해서 기술하고 있다.

에이프런 Apron

그린 주위의 페어웨이보다 잔디가 적고 짧게 깎여져 있는 부분을 말한다. 꽃길.

오구 Wrong Ball

본인 것이 아닌 볼 또는 이미 인 플레이가 아닌 볼을 치는 것. 스트로크 플레이에서는 2벌타를 부가받은 뒤 다시 칠 수 있다. 매치 플레이에서는 오구를 친 홀이 진다.

오너 Honour

티에서 처음으로 플레이하는 권리. 원래는 처음으로 치는 명예(Honour)라는 의미에서 온 말이다. 두 번째 홀부터 타순은 전의 홀에서 스코어가 좋았던 순서대로 친다는 규정이다. '오너(Owner)'와 구분해야 한다.

오버 스윙 Over Swing

톱스윙할 때에 필요 이상으로 클럽을 올리는 것. 왼쪽 무릎의 각도 등이 원인으로 오버 스윙이 되기 쉽다. 비기너나 여성에게서 많이 나타난다.

오버 스핀 Over Spin
볼이 비구 방향과 같은 방향으로 회전하는 것. 퍼트된 볼은 오버스핀이 걸린다. 반대어는 '백스핀'.

오버 드라이브 Over Drive
티샷에서 다른 플레이어의 샷을 넘는 것. '아웃 드라이브(Out Drive)' 가 정확한 표현이다.

오버래핑 Overlapping
'오버래핑 그립' 의 약자. 그립을 잡는 방법의 하나로, 오른쪽 새끼손가락을 왼쪽 검지와 중지 사이에 두고 잡은 방법으로 가장 많이 사용된다.

오케이 OK
매치 플레이에서 상대방이 홀 아웃하기 전에 해당 홀에서 패배했음을 인정하고 다음 스트로크에서 홀 아웃하기로 하고 다음 퍼트를 면제하는 것. '컨시드'.

오픈 스탠스 Open Stance
양쪽 발끝을 연결하는 선이 비구선보다 왼쪽 방향으로 열리는 스탠스 자세. 오른발이 앞으로 나와 하반신이 목표 방향을 향한다. 반대어는 '클로즈드 스탠스'.

오픈 페이스 Open Face
커트 볼 등을 칠 때 클럽 페이스가 목표 지점 오른쪽을 향해 열리는 것. 반대어는 '클로즈드 페이스'.

오피셜 핸디캡 Official Handicap
골프협회가 정한 공식 핸디캡. 반대어는 '프라이빗 핸디캡'.

온 On
볼이 그린에 올라가는 것. 그린에 올라가기까지의 타수로 '원 온', '투 온' 등으로 말한다. '나이스 온(nice on)' 의 정확한 표현은 'You are on the green'.

왜글 Waggle
어드레스한 후에 백스윙에 들어가기까지의 사이에 하는 준비 동작. 클럽 헤드를 조금씩 움직여서 좋은 샷을 칠 수 있는 리듬이나 이미지를 만드는 동작.

워터 해저드 Water Hazard
코스 내의 바다나 호수, 강, 배수구.

원 온
파3홀의 첫 번째 샷(티샷)이 그린에 올라간 것.

웨이트 쉬프트 Weigh Shift
스윙할 때 체중이 이동되는 것.

웨지 Wedge
헤드가 크고 로프트 각도 큰 짧은 거리용의 아이언 클럽. 어프로치에 사용하는
피칭 웨지, 어프로치 웨지와 벙커용 샌드웨지가 있다.

위닝 퍼트 Winning Putt
승리를 결정짓는 마지막 퍼트. 토너먼트에서는 마지막 퍼트 전에 우승이 결정되
는 경우라도 짧은 마지막 퍼트를 마크하고 마지막으로 홀 아웃한다.

위크 그립 Week Grip
왼쪽 손등을 아래로 향하고 오른쪽 손등을 위로 향하게 하면서 잡는 그립. 주로
왼손에 힘이 들어가는 사람에게 알맞다. 슬라이스 볼이 되기 쉽기 때문에 '슬라
이스 그립' 이라고도 한다. 반대어는 '스트롱 그립'.

유에스지에이 USGA
전미 골프협회. 영국의 R&A와 함께 골프 룰을 관리, 담당하고 있다. GA는 Golf
Association의 머릿글자.

육인치 플레이스
잔디의 자리잡기나 코스 정비 때문에 혹은 프라이빗 경기에서 볼을 6인치(약
15cm)로 움직이게 하는 것을 인정하는 코스가 정해 놓은 로컬 룰이다.

익스플로전 샷 Explosion Shot
벙커에서 볼을 직접 치지 않고 모래 채로 쳐내는 샷. '익스플로전(Explosion)' 이
란 '폭발' 을 의미한다.

이글 Eagle

규정 타수보다 2타 적은 스코어로 홀 아웃하는 것. 파3 홀의 경우는 홀 인 원. 어원은 'Eagle(독수리)'.

이븐 파 Even Par

스트로크 플레이에서 해당 코스의 규정 타수와 똑같은 스코어. 통상 72타.

이차 드롭

룰에 따라 드롭한 볼이 2클럽 랭스 이상 굴러가거나 홀에 근접해졌을 경우에 다시 한 번 드롭하는 것. 이(2)차 드롭 후에도 마찬가지일 경우는 2차 드롭한 볼이 지면에 떨어진 장소에서 플레이스해야 한다. 3번째 드롭은 룰 위반이다.

인사이드아웃 Inside Out

백스윙할 때에는 클럽 헤드가 비구선보다 안쪽에 있고 다운스윙일 때는 바깥쪽으로 빠지는 스윙 궤도. 이 스윙에서는 페이스가 열려 있으면 볼은 푸시 아웃이 되고, 닫혀 있으면 훅 볼이 된다. 반대어는 '아웃사이드 인'.

인터로킹 그립 Interroking Grip

그립이 흔들리지 않도록 오른쪽 새끼손가락과 왼쪽 검지를 겹쳐서 쥐는 그립. 비기너나 힘이 약한 사람들에게 좋다.

인텐셔널 Intentional

의도적으로 슬라이스나 훅 볼 등을 치는 것.

인 플레이 In Play

티샷을 하고 나서 홀 아웃하기까지를 말한다. 인 플레이 중 볼을 건드리거나 움직이게 하면 룰에서 인정하는 경우를 제외하고 룰 위반이 되어 1벌타를 부가받는다.

임팩트 Impact

클럽 헤드가 볼에 맞는 순간. 임팩트 후 볼의 속도는 헤드 스피드의 1.48배.

임간 코스

홀과 홀 사이가 숲으로 구분되어 있는 코스. 평지이며 전통이 오래된 코스에 많이 있다.

장척 드라이버

드라이버의 샤프트는 통상 44~45인치지만, 그보다 긴 드라이버를 말한다. 단 룰에서는 길이는 48인치 이내, 무게는 460cc 이내라고 정해져 있다.

장척 퍼터

2그립의 롱 퍼터. 퍼터 끝을 가슴에 대고 진자 스트로크로 볼을 똑바로 쳐낼 수 있다.

주형 조각 퍼터

퍼터의 헤드가 연철이나 놋쇠 덩어리를 깎아서 만든 것.

챔피언 코스 Ghampion Course

공식적인 토너먼트 등을 열기에 합당한 코스. 토너먼트를 개최하기 위해서는 규정 드라이빙레인지가 있는 것이 조건 가운데 하나다.

칩 인 Chip In

어프로치 샷이 직접 홀로 들어가는 것. 통칭 '노즈로' 라고도 한다.

칩 샷 Chip Shot

웨지나 쇼트 아이언으로 굴리는 어프로치 샷.

캐디 Caddie

플레이를 할 때 플레이어의 클럽을 옮기거나 플레이에 대해 조언해 주는 사람. 플레이어는 자신의 캐디에게만 어드바이스를 받을 수 있다.

캐리 Carry

볼을 치고 나서 지면에 떨어질 때까지의 비거리. '캐리가 몇 야드' 등과 같이 사용한다.

캐비티 (백) 아이언 Cavity Iron
클럽의 백 페이스가 움푹 들어가 있는 아이언 클럽. 중심 위치가 낮아 볼이 정확히 맞지 않아도 잘 돌아간다.

캐주얼 워터 Casual Water
비가 온 뒤 등에 코스에 생긴 일시적인 물웅덩이. 여기로 볼이 들어가거나 스탠스가 걸리는 경우에는 가장 가까운 구제 지점을 정한 후 그곳부터 1클럽 길이 범위 이내 지점에서 페널티 없이 드롭할 수 있다.

컨시드 Concede
매치 플레이에서 최후의 샷은 들어간 것이라고 간주하는 것이다. 게임의 진행상 퍼터의 손잡이 이내로 공을 홀컵에 붙이면 넣었다고 인정해 주는 제도. 일명 ok. 아마추어들은 가끔 컨시드를 타수에서 빼는 경우가 있지만 +1타다.

컴팩트 스윙 Compact Swing
백스윙이나 팔로우 드로우 등의 움직임을 최소한도로 작게 하는 스윙. '컴팩트 샷'이라고도 한다.

컴페티션 Competition
시합. 여러 개 라운드의 스코어 합계로 시합하는 '스트로크 플레이'가 일반적이다. 약자로 컴페라고도 한다.

코스 Course
플레이가 허용되는 코스 전 지역.

코스 레이트 Course Rate
코스의 난이도. 파(72)보다 숫자가 클수록 난이도가 높고, 작을수록 낮다. 핸디캡을 정할 때 사용된다.

코스 레코드 Course Record
해당 코스의 최소 타수 공식 기록.

클럽 Club
볼을 치는 도구. 골프 모임과 골프 코스를 의미하는 경우도 있다.

클럽 랭스 Club Length

클럽의 길이. 플레이 중에 비교적 많이 사용되며 1클럽 랭스란 클럽 1개의 길이
를 말한다.

클럽 헤드 Club Head

골프 클럽의 샤프트 앞에 붙어 있으면서 볼을 치는 부분. 소재, 크기 등이 다양
하다.

클레임 Claim

룰을 위반했다고 생각되는 플레이어에게 항의하는 것.

클로스 핸드 그립 Closed Hand Grip

오른손과 왼손의 위치를 바꾸어서 반대로 쥐는 퍼트 그립. 통상적으로 왼손에
오른손을 갖다 대는 그립이었지만 반대로 오른손에 왼손을 갖다 대는 방법으로
손목이 꺾이지 않고 방향성이 안정된 그립이 된다.

클로즈드 스탠스 Closed Stance

양쪽 발끝을 연결하는 직선이 비구선과 클로스되도록 취하는 스탠스 자세. 오른
발이 앞으로 나와서 하반신이 목표 지점에서 반대를 향한다. 훅을 칠 때에 사용
된다. 반대어는 '오픈 스탠스'.

클릭 Creek

코스 내를 흐르는 작은 개울. 볼이 여기에 떨어진 경우는 워터 해저드로 취급한
다.

타이 Tie

같은 스코어. '2T'는 '2위 타이'라는 말이다.

터프 Turf

잔디밭이나 잔디. 디봇과 같은 의미로, 떨어져 나간 잔디를 뜻하기도 한다. 이
경우는 '터프를 치다'라고 한다.

토우 Toe
클럽 페이스의 끝부분. '발톱 끝'이라는 의미다. 반대어는 '힐 = 무릎'.

톱 Top Ball
볼의 윗부분을 쳐 버리는 미스 샷.

톱스윙 Top Swing
'톱 오브 스윙'을 말하는 것으로, 올린 클럽을 다운으로 꺾어 내리는 정점을 말한다.

톱 인 Top In
홀 가까운 곳에 멈춘 볼을 퍼터로 가볍게 쳐서 홀 아웃시키는 것.

트리플 보기 Triple Bogey
규정 타수보다 3타 많은 스코어로 홀 아웃하는 것.

티 Tee
티샷을 할 때 볼을 올려놓는 못 모양의 받침대.

티 마크 Tee Marker
티잉 그라운드 구역임을 알려 주는 표시물. 최초의 스트로크를 하기까지는 고정물이라서 움직일 수 없으나 두 번째 샷 이후는 움직일 수 있는 장해물이 된다.

티업 Tee Up
홀의 첫 번째 샷으로써 볼을 티에 올려놓는 것. 티잉 그라운드에서의 제일 첫 번째 샷만 인정된다. 정확하게는 '티잉'이라고 한다.

티잉 그라운드 Teeing Ground
전방의 2개의 티 마크와 후방 2 클럽 길이 범위의 장방형 구역. 여기에서 해당 홀의 제일 첫 번째 샷을 하게 되면 볼은 인 플레이가 된다.

티샷 Tea Shot
티잉 그라운드에서 치는 해당 홀의 첫 번째 타구.

파 Par

홀의 규정 타수. 규정 타수는 홀의 거리에 의해 정해진다. 파3을 쇼트, 파4를 미들, 파5를 롱이라고 한다. 라틴어로 '똑같은 것' 이라는 의미다. 예를 들어 파4홀에서 공이 4타 만에 홀컵에 집어넣은 것을 말한다.

파 온 Par on

해당 홀의 규정 타수보다 2타 적은 스코어로 그린에 올리는 것. '레귤러 온', '그린즈 인 레귤러'.

파트너 Partner

2인1조의 매치 플레이에서 자신과 같은 팀의 플레이어를 말한다. 개인 스트로크 플레이에서는 함께 도는 사람을 '동반 경기자', '동반 플레이어' 라고 한다.

팜 그립 Plam Grip

손바닥 중심에 그립을 쥐는 방법. 반대어는 '핑거 그립'.

팔로우 윈드 Follow Wind

순풍. 뒤에서 부는 바람. 영어로는 일반적으로 'Tail Wind' 나 'Down Wind' 로 사용된다. 반대어는 '어게인스트', '헤드 윈드'.

팔로우 드로우 Follow Drow

임팩트한 다음부터 피니시할 때까지의 동작.

패스 Pass

뒤에서 오는 팀을 먼저 가게 하는 것. 통상, 3명이 라운드할 때는 4인 팀보다 우선 플레이할 수 있다.

퍼터 Putter

주로 그린 위에서 사용되는 클럽. 퍼터로 치는 것을 '퍼트' 라고 한다.

퍼트 Putt

그린 위에서 퍼트로 볼을 굴리면서 치는 것. 퍼터에 의한 타수 단위를 가리키는 경우도 있다. '드라이버는 쇼, 퍼트는 돈'이라고 한다.

퍼트선 Line of Putt
퍼트에서 자신이 굴리고자 하는 볼의 라인을 이미지로 그린 라인.

페널티 Penalty
규칙을 위반했을 때 주어지는 '벌타'.

페어웨이 Fairway
티잉 그라운드와 그린 사이의 잔디가 짧게 깎인 부분. 페어웨이 옆에서 플레이
를 진행하는 것이 바람직하다.

페어웨이 벙커 Fairway Bunker
페어웨이 위에 존재하는 벙커. 페어웨이와 교차되는 형태로 있는 벙커는 클로스
벙커, 페어웨이 옆에 있는 벙커는 사이드 벙커라고 한다.

페이드 볼 Fade Ball
볼이 낙하하는 동안에 완만하게 오른쪽으로 구부러지는 샷. '페이드'란 '쇠퇴
하다, 꽃이 시들다' 등의 의미다. 반대어는 '드로 볼'.

포어 Fore
날아오는 볼에 맞는 사고를 방지하기 위해 전방에 있는 플레이어들에게 주의하
도록 지르는 소리. 'Fore'는 '전방의, 전면의'라는 의미.

포어 캐디 Fore Caddie
홀 중간에 배치된 캐디. OB의 판정이나 전방의 모습을 알리는 역할을 하고 있
다.

포트 벙커 Pot Bunker
작고 깊은 벙커. 영국이나 스코틀랜드의 코스에서 자주 볼 수 있다.

푸시 아웃 Push Out
볼을 똑바로 오른쪽으로 밀어내는 듯한 샷.

풀 샷 Pull Shot
미스 샷으로 목표보다 왼쪽으로 볼이 빠져나가는 것.

풀 세트 Full set
드라이버에서 퍼터까지 여러 가지로 구성된 14개의 클럽 세트. 룰에서는 캐디 백에 넣을 수 있는 클럽은 14개 이내로 제한하고 있다.

프로비저널 볼 Provisional Ball
잠정구.

플레이 라인 Line of Play
볼을 원하는 방향으로 보내고 싶다고 했을 때 볼이 맞고 나서 날아가는 방향.

플레이스 Place
규칙에 따라 볼을 놓는 것을 말한다. 볼을 원래의 위치에 놓는 경우는 리플레이스라고 한다. 단, 볼을 바꾸면 원래의 위치에 있어도 '플레이스'가 된다.

피치 마크 Pitch Mark
그린이나 페어웨이에 볼의 낙하로 인해 생기는 패인 자국을 말한다. '볼 자국'.

피치 앤 런 Pitch and Run
볼을 어느 정도 높게 쳐 올린 다음 그린에 떨어지고 나서는 굴러가 핀에 가깝게 대는 샷.

픽업 Pick up
볼을 집어올리는 것.

핀 Flag stick
그린 위에 홀에 세워 놓은 깃대(핀 플랙). 바람이 강한 영국 코스에서는 짧은 핀이 많다.

핑거 그립 Finger Grip
클럽을 손가락으로 쥐는 방법. 반대어는 '팜 그립'.

하프 Half

18홀 중에서 인 또는 아웃의 9홀. 매치 플레이의 무승부를 가리키는 경우도 있다.

해저드 Hazard

벙커나 연못 등 코스 내에 있는 장해물. 해저드에서 칠 경우 클럽을 솔해서는 안 되며, 루스 임페디먼트를 움직이거나 해저드 상태를 테스트하는 것도 금지되어 있다.

핸드 퍼스트 Hand First

어드레스에서 그립이 볼보다 앞쪽(목표)으로 나온 자세.

핸디캡 Handicap

플레이어의 우열을 공평하기 하기 위해 약자에게 주어지는 서비스 스트로크.

헤드 Head

클럽 헤드. 골프 클럽의 끝부분으로 볼을 때리는 부분.

헤드 업 Head Up

임팩트할 때에 머리가 들려서 눈이 볼을 보지 않고 있는 상태. '룩 업'이라고도 하며, 미스 샷의 원인이 된다.

헤드 스피드 Head Speed

임팩트 직전의 클럽 헤드 속도. 헤드 스피드가 빠른 쪽이 비거리가 많이 나온다.

홀 Hole

그린에 뚫어 놓은 구멍. 또는 티잉 그라운드에서 그린까지를 말하며, '몇 번 홀'이라는 식으로 사용된다.

홀 아웃 Hole Out

볼을 홀에 넣어 해당 홀을 종료하는 것을 말한다. 18홀이 끝났을 때에 사용된다.

홀 인 원 Hole in One
파3홀의 쇼트 홀 등에서 첫 번째 샷이 그대로 홀 인되는 것. '에이스'.

훅 Hook
샷을 한 볼의 궤도가 중도에 왼쪽으로 크게 꺾이는 것. 왼쪽으로 휘어지는 타구.
보통 오른손에 힘 주고 치면 이런 일이 벌어진다. 반대어는 슬라이스.

힐 볼 Hill Boll
우드 클럽에서 힐 가까운 부분으로 친 볼. 낮게 오른쪽으로 구부러지는 타구가
된다. 또 '힐'이란 클럽 헤드의 샤프트에 가까운 부분을 말한다.